Icons 知人

胶囊式传记 记取一个天才的灵魂

BERTOLT BRECHT
PHILIP GLAHN

贝托尔特·布莱希特

〔美〕菲利普·格兰 著 华天韵 译

上海文艺出版社

献给内尔

目录

导论   001

1 危机诗学，
    1898—1923   013

2 "更多的好运动"：布莱希特在柏林，
    1924—1928   063

3 劳动、阶级以及同马克思主义的交锋，
    1929—1933   119

4 早期流亡："歌唱黑暗时代"，
    1933—1941   159

5 流亡美国：间离辩证法与"烹饪"艺术，
    1941—1947   201

6 现实政治：社会主义戏剧，
  1947—1956 249

参考文献 267
致谢 281
图片致谢 283

布莱希特在柏林，1927

导论

终其一生,贝托尔特·布莱希特都坚持所有的艺术行动是有用的,尤其是他自己的作品:不止对作品的受众而言要实际且适用,而且要与他们所处的不同时代息息相关。布莱希特对真实性和有用性的坚持贯穿于他与历史持续不断的对抗,他生产叙事、经验、形象、幻想的过程正是一种不断演化着的、具有解放性的浸入历史的方式。本书从布莱希特所信奉的核心来考察他的作品与人生,他坚信理论与实践、理想与现实、艺术与生活,都必须在其紧密的依存关系中被理解,而这些关系中的张力和变动则导向观察与行动、学习与教导。正如研究布莱希特的史学家汉斯·梅耶(Hans Mayer)所说:"仍有人在讨论史诗戏剧,即使没有研究过它的辩证法。"[1] 本书的任务是将布莱希特的实践还原至历史现场,目的不在于增加或讲述另一个更"现实"或"真实"的故事,而

---

[1] 汉斯·梅耶,《历史中的布莱希特》(*Brecht in der Geschichte*),法兰克福,1976,第154—155页。

是为了通过仔细考察一个作家、剧作者与他身处时代的对话关系，以及这种对话如何延伸至我们自己的担忧与使命，来评定布莱希特的作品与当代的关联。历史地看待布莱希特的戏剧、小说、诗歌和政论文章，是为了追踪贯穿他一生的追求，即与特定的社会、经济、政治情境建立一种具有创造能力的关联。这些特定历史情境以两次世界大战、魏玛共和国、全球经济萧条、纳粹与流亡以及东德的社会主义现实为框架，能够观照并介入今天资本主义经济、民族主义思潮和社会乌托邦下的现代生活危机。

布莱希特以他实验性、现代主义的史诗戏剧和"间离效果"（Verfremdungseffekt）著称。1927 年他写道："史诗戏剧的本质大概在于它更少地迎合观众的感情，更多地唤起观众的理性。观众必须理解事物而非分享经验。"[1] 布莱希特方法的核心在于向观众展示权力的关系和现实的机制，赤裸地暴露其原理。他的方法旨在将艺术家和观众同时纳入，放置在对历史现实的自觉认识中，从而导向理解世界、改造世界的一种主动而批判的介入方式。揭露社会规范和

---

[1] 贝托尔特·布莱希特，《史诗戏剧及其难点》（*The Epic Theater and Its Difficulties*），收录于《柏林与法兰克福版评论全集》（*Große kommentierte Berliner und Frankfurter Ausgabe*）（i‑xxx 卷），维尔纳·赫希特（Werner Hecht）、雅恩·克诺普夫（Jan Knopf）、维尔纳·米滕兹维（Werner Mittenzwei）和克劳斯·德特莱夫·穆勒（Klaus-Detlef Müller）编，柏林，1989（后简称 GBA），xxi 卷，第 210 页。约翰·威利特（John Willett），拉尔夫·曼海姆（Ralph Manheim）翻译，埃里希·弗里德（Erich Fried）编，《贝托尔特·布莱希特：诗歌 1913—1956》，纽约，1976，第 23 页。除非注明，英译皆出自本书作者。

"真相"不过是由历史过程决定、并由文化生产塑造的,也就向观众展示了现实是可塑的,从而使观众成为具备解放力量的主体。

正如雅恩·克诺普夫等历史学家所指出的那样,布莱希特远非许多战后学者所塑造的那样是一个坚定的共产党或者教条的马克思主义者,相反他一直竭尽全力地反抗着自己的角色,运用各种他试图验证和推行的分析工具和创作工具。布莱希特关注多样化的渠道与场域的可得性,从中生产和交流常识与观点、态度与视角。因此他的作品包括歌曲、诗歌、随笔、书信、演讲、评论、短篇小说、长篇小说、广播和电影各种形式。他并不直接告诉观众思考的内容,而是让他们在唱歌、言说、表演之中,遵循、同时也反对制造历史和身份的惯例。对于布莱希特而言,公共领域,这个布尔乔亚社会的神圣基石,并非保护社会价值、集体理想从而融为团体的地方,而是一个激烈的阶级论辩的空间。布莱希特享受着寻找方式介入、游转其中的过程,并以意象、语言和各种人物的姿势——包括智者与乞丐、官僚与窃贼,牧师与工人——为武器,来清晰刻画期望与习俗间的较量,从而揭示沟通与经验的结构性局限,最终清晰地指出其改变的可能性。此种最终指向蕴含于布莱希特的场幕、章节、宣言、韵脚和质问中,它们或滑稽或悲惨,技术高超且感人肺腑,受人欢迎同时非常复杂,并且始终尖锐、易懂、充满乐趣,而这正是因为历史被塑造的过程本身就充满了矛盾。

尽管关于布莱希特的研究主要限于戏剧领域,但布莱希特的影响力却遍及欧洲、美国,从艺术、戏剧、到电影乃至社会理论——即便他的理论常常被曲解。在20世纪30年代末,美国著名批评家克莱门特·格林伯格(Clement Greenberg)盛赞布莱希特诗学与政治学中的形式创新,"尽管"他有意识形态上的倾向。20世纪50年代,布莱希特的柏林剧团(Berliner Ensemble)凭借《大胆妈妈和她的孩子们》(*Mother Courage*)和《高加索灰阑记》(*The Caucasian Chalk Circle*),在战后的巴黎掀起狂潮。当时罗兰·巴特(Roland Barthes)主编的期刊《大众戏剧》(*Théâtre Populaire*)用1955年1至2月整整一期介绍"布莱希特革命"。巴特本人就深受这位德国剧作家的影响,连续写了多篇关于布莱希特的文章,并且说他是促使自己智识形成和符号学诞生的一个决定性因素[1]。20世纪60年代,社会政治中弥漫着反抗的文化大气候,布莱希特对正统舞台空间与观众、表演与接受的观念的消解,以及他将"日常"看作一个社会政治概念——比如他力图将"石油、通货膨胀、战争、社会斗争、家庭、宗教、小麦、肉类市

---

[1] 罗兰·巴特,《布莱希特与话语:对话语研究的贡献》(*Brecht and Discourse: A Contribution to the Study of Discursivity*, 1975),重印收录于《语言的窸窣声》,纽约,1986,第212—222页。

场变为戏剧表现的主题"——风靡一时[1]。布莱希特的"政治现代主义"最全面最关键的应用之一是法国电影导演让-吕克·戈达尔（Jean-Luc Godard）和 20 世纪 70 年代以期刊《银幕》（*Screen*）为代表的英国电影理论，而后又极大影响了一群如伊冯娜·雷纳（Yvonne Rainer）的美国艺术家。格里塞尔达·波洛克（Griselda Pollock）、希尔维亚·哈维（Sylvia Harvey）曾着重论述过布莱希特对 20 世纪 70 年代英国电影的制作与研究、尤其是女性主义实践的巨大影响。

在美国，布莱希特的剧作和理论文章被翻译出版，他的戏剧也时常在百老汇和外百老汇上演，影响了从旧金山模仿剧团（San Francisco Mime Troupe）到鲍勃·迪伦（Bob Dylan）的一众艺术家。在期刊《左翼研究》（*Studies on the Left*）、《党派评论》（*Partisan Review*）、艺术杂志《阿斯彭》（*Aspen*）、《常青评论》（*Evergreen Review*）、《国际工作室》（*Studio International*）、《艺术论坛》（*Artforum*）等出版物上都可以看到关于布莱希特的讨论。他的名字在艺术期刊和艺术家访谈中随处可见（通常是被轻描淡写地提及），而他的理论文章和戏剧方法则被包括安迪·沃霍尔（Andy Warhol）、迈克·弗里德（Michael Fried）、丹·格雷

---

[1] 《享乐的戏剧与教育的戏剧？》（*Theater for Pleasure or Theater for Instruction?*，1935），GBA，xxii 卷，第 110 页。

厄姆（Dan Graham）、李·巴克桑德尔（Lee Baxandall）在内的艺术家和作家们激烈争论着。与此同时，赫伯特·马尔库塞（Herbert Marcuse）和路易斯·阿尔都塞（Louis Althusser）将布莱希特描述为一位及时出现的艺术推进者，正如马尔库塞所言："点燃了行动、实践……突破了我们所在宇宙的精神垃圾和物质污染。"[1]

希尔维亚·哈维在她1982年以《谁的布莱希特？80年代的记忆》（*Whose Brecht? Memories for the Eighties*）为题的文章中"批判地重新发现"了布莱希特。她指出，随着历史语境的迁移，践行布莱希特式的"认识世界"的任务，首先是承认世界和认识世界的任务都对应特定的情境，这是批判性干预和转变世界的一个关键步骤[2]。布莱希特所谓的"使行动变为可能的问题"总是在特定情境的立场中被提出的，所以这样的追问必须以"谁在问""何时问"开始。与此相似，在20世纪90年代，弗里德里克·詹姆逊（Fredric Jameson）和特里·伊格尔顿（Terry Eagleton）都论述了布莱希特方法的持续适用。在《布莱希特与方法》（*Brecht and Method*，1998）中，詹姆逊引入了"现实性"的概念来描述布莱希特理论与及时性同样重要的物质向

---

[1] 赫伯特·马尔库塞，《艺术作为现实的一种形式》（*Art as a Form of Reality*，1989年在古根海姆博物馆发表的演讲，重印收录于阿诺尔德·J·汤因比等人著《关于艺术的未来》（*On the Future of Art*），纽约，1970，第123页。
[2] 希尔维亚·哈维，《谁的布莱希特？80年代的记忆：批判性的重新发现》（*Whose Brecht? Memories for the Eighties: A Critical Recovery*），《银幕》，1982年第23期，第45—59页。

度[1]。作为布莱希特辩证世界观的延伸，对他生平与作品的评价必须在今天特定的历史语境中考察，因为只有在我们今天社会政治文化的情境和可能性里，评价布莱希特才与我们息息相关、才是现实的。

本书以时间先后顺序展开，追踪布莱希特对时代思想与政治的参与，见证现代世界几番波澜起伏和社会心理秩序与失序的更迭。在布莱希特最为著名的戏剧和少为人知的诗歌、散文、信件、日记中，他直面战争与小麦市场、民俗文化与大众传播、学习的乐趣与作为一种戏剧模型的体育活动；他与欧文·皮斯卡托（Erwin Piscator）、库尔特·魏尔（Kurt Weill）合作，研究卡尔·科施（Karl Korsch）和中国戏剧，与瓦尔特·本雅明（Walter Benjamin）、露丝·贝劳（Ruth Berlau）一道，同西奥多·阿多诺（Theodor Adorno）和托马斯·曼（Thomas Mann）论争。但本书同样贯穿以布莱希特对认识世界的强调——世界作为一种变化的常态。尽管本书聚焦于布莱希特的生平、作品和时代，但写作方法将会拓展讨论的范围，去追问历史的连续与断裂，将布莱希特的作品置于一系列可能性而非陈规之中考量；这本书关心的是，布莱希特曾是什么、已经成为什么、现在是什么及未来将会是什么。

大多数布莱希特作品、先锋派艺术的研究者们已经指

---

1 弗里德里克·詹姆逊，《布莱希特与方法》，伦敦和纽约，1998。

PARIS APPLAUDIT BRECHT

报纸剪报，1955年巴黎，莎拉-伯恩哈特剧院（Théâtre Sarah-Bernhardt）《高加索灰阑记》巴黎首演结束时的掌声，发表于1957年国家剧院节目单。

出他的三大信条，但历史变迁已经使它们在战后时代几乎不再适用：第一，布莱希特致力于社会主义，这一方向在冷战高峰时期显然很难重拾；第二是布莱希特在文章中反复提及的对科学的强调，他相信科学思想和技术能够提供改变社会现实的革命性力量；最后，是先锋派问题以及布莱希特相信工人阶级为革命主体,艺术家则扮演着促进有组织的左翼大众意识的角色。

然而在今天,这些信条不再是"难点"。相反,它们成为了机遇。社会主义、科学发展和阶级的问题已经在当代话语和文化中成为了紧要的话题,它们也是贯穿本书的旨要问题。后苏联时代里,自由市场资本主义的至高霸权不再无人质疑,因为这一系统正在被新自由主义的逻辑、数字技术、信息网络检验着,这些新变化提供交换和劳动的场所,形成了新的社会主体和公共领域,产生了允许超越利润导向的生产交换的"极端共享"和"礼物经济学"。在今天的历史语境中,世界全面进入国际信息网络时代之际,布莱希特的反本质主义,他对于科技狂热、自然化历史的警告,以及他对政治性的工人阶级的强调仍然有着深刻的重要性。本书规避了一直以来不假思索地复兴先锋派的思维误区,强调社会主义、科技、阶级问题的发展轨迹,同时涉及相关话题如传播、参与、劳工、教学法、先锋派与观众,这些问题不仅仅推动着布莱希特的事业,同时也彻底地改变着我们对 21 世纪作为一个继承与转变的时刻的认识。

对于今天参与过关于社会、政治、经济、文化解放和进步可能性之争论的人来说——从 J.K. 吉布森·格雷汉姆(J. K. Gibson-Graham)、雅克·朗西埃(Jacques Rancière)到吕克·波尔坦斯基(Luc Boltanski)、伊芙·奇亚佩洛

(Eve Chiapello),再到彼得·斯洛特迪克(Peter Sloterdijk)、奥斯卡·内格特(Oskar Negt)——新的社会结构、不断发展的信息交换手段和创造知识的问题,以及所有权和参与度的问题,构成了今天这种争论的背景与视野。在某些方面,本书将提供一个明确的视角以评价布莱希特的贡献。比方说,在最近关于当代视觉艺术的论述中,教学法的问题重新露面,而布莱希特作为艺术家和知识分子的榜样、作为导师或领袖时不时地被援引,却没有被持续地追随。对法国哲学家雅克·朗西埃而言,"布莱希特范式"导致了主动与被动的二元性,分别对应有智识的人与无知的人,而非一种如朗西埃所提倡的"智识上的平等"[1]。但是布莱希特对知识不平等的规约区分了两种人,第一种人掌握了知识,而第二种人没有掌握知识的机会。正如詹姆逊所说的那样,间离效果更像辩证的"自我指涉",而非简单地在大众面前施展障眼法[2]。现代主义意义上的自我指涉的主体就是作品本身、观众和自我这个概念本身。对于布莱希特而言,解放意味着获得了自我、理想和现实之间的调和,并不存在所谓的需要去知道或习得的真相。1930年随《巴登-巴登关于契约的教育剧》(*The Baden-Baden Teaching*

---

[1] 雅克·朗西埃,《被解放的观众》(*The Emancipated Spectator*),刊载于《艺术论坛》(*Art Forum*),2007年3月刊,第275页。或可见于朗西埃《无知的导师:知识分子革命的五堂课》(*The Ignorant Schoolmaster: Five Lessons in Intellectual Emancipation*),斯坦福,加利福尼亚,1991。

[2] 詹姆逊,《布莱希特与方法》,第89页。

Play on Agreement, 1929) 分发的节目单中, 提醒人们警惕并反对将作为集体主体的实验场的舞台简单复制进日常生活的做法: 即使教育剧 (Lehrstück) 的确实现了一定程度的社会和思想的 "和谐", 但是这种 "人为的、浅薄的和谐绝不能提供一个广泛且至关重要的共识以匹敌在这个时代将人们撕裂的各种暴力之和, 哪怕仅仅几分钟"。[1] 布莱希特所厌恨的被动, 并不是不行动的被动, 而是对政治性的、有可能导向解放结果的行动的拒绝或无能。

这本书详细梳理了布莱希特如何用其一生致力于 "以人的方式行动" (menschlich), 就像弗里德里希·迪伦马特 (Friedrich Dürrenmatt) 所说的, 这意味着 "与革命站在一边"。[2] 布莱希特的戏剧、艺术、文学作品以及他本人毫不妥协的性格, 同样激励着我们站在这一边。

---

1 《实验》(*Versuche*), 4—7, 第 ii 卷, 1930, 重印收录于《布莱希特: 实验, 1—12》(*Brecht: Versuche, 1-12*), 柏林, 1959, 第 141 页。
2 转引自梅耶《历史中的布莱希特》, 第 85 页。

1 危机诗学，
1898—1923

出生于19世纪末前两年，贝托尔特·布莱希特属于汉娜·阿伦特（Hannah Arendt）所说的三个迷失代际中的第一代：由第一次世界大战带来的恐惧与痛苦和这场战争导致的德意志帝国的灭亡所形塑的一代。[1] 尽管布莱希特关于前线的经历仅限于在一家军队医院短暂地担任护工，但他还是被大后方的这种心理、情感、社会与肉体上的挣扎深深地影响了。布莱希特作为一个人、一名艺术家的成长过程，以一种复杂而深刻的冲突为特征，并与他所属这一代人对民族认同、历史、传统和进入20世纪的进程交织在一起。正如其他地区一样，在德国，战争受到人们的热烈欢迎，不仅仅因为它许诺了一个全新的开始，一种精神上得到净化和重生的希望，对于一个较晚建立主权却经受着迟来而快速的现代化巨变的国

---

1 汉娜·阿伦特，《黑暗时代的人们》（*Men in Dark Times*），纽约，1955，第218页。

家来说，战争更是提供了一种集体意识和国家目标。战后回望，在诗歌《可怜的 B. B.》（1921）开头，布莱希特借回忆清晰地表达出自己居于无地之感：

> 我，贝托尔特·布莱希特，来自黑森林，
> 母亲带我搬进城市，当时我还在
> 她身体里。而森林的寒凛
> 至死都将一直留在我的体内。
>
> 我在这座沥青的城市住下。从一开始
> 就提供全部的圣餐：
> 报纸。烟草。白兰地。
> 直到最后怀疑，懒散，并且满意。[1]

布莱希特没有像他的同代人那样，用一种苦涩、怀旧的回溯，或曰，"向后飞翔"（Flucht nach hinten），来回应现代性带来的流动和变化。相反，他以时代的骚乱为契机，去观察、评论、实验、探索。尽管布莱希特本人并没有完全脱离困惑和忧伤的整体情绪，但他从否定自身和周遭那些审美秩序和传统所提供的某种稳定感来获得乐趣，并转而拥抱危机，正因危机同时也是打断既有立场和观点的再生

---

[1] GBA, xi 卷，第 119 页；约翰·威利特，拉尔夫·曼海姆翻译，埃里希·弗里德编，《贝托尔特·布莱希特：诗歌 1913—1956》，纽约，1976，第 107 页。

产并创造新立场、新观点的机遇。

在1924年搬去柏林之前,布莱希特在奥格斯堡和慕尼黑度过了他早熟的青年时代。早在此时,他就已经开始戏弄阶级的成规。他成长于一个优渥的家庭,从小受德国经典文化和传统普鲁士道德的教育,但在他创作的诗歌、散文、歌曲、戏剧中,布莱希特深度触及小资产阶级的主体性危机——世纪之交(fin de siècle)灾难性的末世精神病(Endzeit psychose)、战争狂热和本国战败,以及魏玛共和国向议会民主和自由资本主义的艰难转型,这些都在摧毁着资产阶级的主体性。面对大规模的复古运动、表现主义崇拜和超脱的末日预言,布莱希特在他早期作品中进行策略性的反叛和颠覆,通过注入形式与故事,让不安的社会自我反省,从而将资产阶级的公共领域翻个底朝天。读者在他的早期作品中就能够一瞥布莱希特式的陌生化带来的能量:歌颂坚韧不拔的英雄主义民歌被变成描写衰颓的、辛辣而幽默的歌谣(如《阵亡战士的传说》,*Legend of the Dead Soldier*,1918),耳熟能详的安抚人心的圣歌教诲被改造为日常斗争的指南(如《微风的礼拜》,*Liturgy of the Breeze*,1924)。同样地,在部分发表于本地报纸的文章和评论中,布莱希特戏仿泄了气的民族主义精神,戏弄共和国早期的党派路线修辞(包括反布尔什维克的《红军战士之歌》,*Song of the Red Army Soldier*,1919)。他早期的戏剧创作诸如《巴尔》(*Baal*,1918)和《夜半鼓声》(*Drums in the Night*,1922),甚至把过去受到大肆赞美的普通人变得更加普通。他笔下的角色们无视法律，挑战道德和意识形态的成规，经常越界或者倒退。这些角色或许离精神救赎或社会救赎还很远，但对于布莱希特而言，在某种意义上这就是他们的救赎恩典。

布莱希特与朋友们合作，有策略性地从高雅或低俗的体裁中汲取灵感，一直试图去呈现一个完全不同的视角。与展现特权阶层掌控世界万物的舞台不同，戏剧、诗歌、评论被布莱希特用通俗、低俗、臭气熏天的噪音所撼动，从而呈现出一种艺术陈规之外新的样貌。

传统

尤金·贝托尔特·弗里德里希·布莱希特1898年2月10日出生于奥格斯堡，是贝托尔特和索菲亚·布莱希特的第一个孩子。奥格斯堡作为意大利和北欧之间曾经十分重要的中转交易城市，成为大型工业集团基础设施不断发展的家园，到1914年第一次世界大战爆发之时，奥格斯堡已经是德国军工中心之一。布莱希特的父亲是一个中产阶级与工人阶级的后代，他的祖辈中既有渔夫、工人，也有教师、医生。得益于战前家乡的繁荣，1900年他在海恩德尔谢（Haindlsche）纸业公司工作，从一个职员升到了总经理。在工业化发展的刺激下，布莱希特故乡的工人阶级运动站稳了跟脚，奥格斯堡成为1870年召开的社会民主工人党大会（Allgemeine Sozialdemokratische Arbeiterkongreß）和由此产生的奥格斯堡工人组织的所在地。社会民主党的报纸如《普罗报》（*Proletarier*）和《大众意志报》（*Volkswille*）都在奥格斯堡出版；后者很快成为这位年轻戏剧评论家发表他热情的赞美和辛辣的批评的阵地。

奥格斯堡有很多剧院和享有声望的文化机构，而且它紧邻着富于创造力和丰富社交活动的慕尼黑，那里有卡巴莱歌舞表演、慕尼黑摄政王剧院（Prinzregententheater）、讽刺刊物《痴儿》（*Simplicissimus*）和《蓝骑士》（*Blaue Reiter*）。然而奥格斯堡同时也与德国大城市中心那种更激进的发展和剧变之间保持着一定的距离。研究布莱希特的学者汉斯·梅耶曾指出，奥格斯堡对布莱希特早期的生活和创作有着至关重要的作用。他认为，这位年轻的诗人把这个城市当作一种自我隔离的地方，在这里他可以选择自己认为重要的问题进行思考。当然，奥格斯堡并不是一个"浪漫的圈外人注视并且渴望新人和新精神"[1]的地方。布莱希特的家乡很大程度上受军事、市政机构管辖，并遵循着它所立下的规范和态度。受到下层工人阶级运动的威胁，同时也被逐渐大众化的中产阶级价值观所撼动，德国的市民阶级（Bürgertum）或称中产阶级在小众高雅文化和对其

---

[1] 汉斯·梅耶，《历史中的布莱希特》，法兰克福，1976，第29页。

集体身份的爱国迷思中寻求安慰,而这种集体身份指向的是国家行政结构及其得以体现的、具有代表性的军事秩序和纪律。布莱希特在这里找到了可以探索因循守旧和拒斥陈规、以及个体与其身处环境关系问题的丰厚土壤。[1] 布莱希特的反抗与其说是俄狄浦斯式的弑父,不如说是系统性的;不像表现主义者,他没有暴风骤雨般地冲进禁区杀死父亲从而以一种忧郁的存在主义确证人类精神。尽管布莱希特也试图放弃他自己的社会背景,但他并不是为了去遵循另一种规范,而是反对遵守规范本身。

威廉二世在1892年、也就是俾斯麦下台两年后的一次公开演讲中宣布道:"德国已经逐渐走出了儿童时期,正准备走向它的青年时期。"[2] 19世纪末积累了大量动能的德国,正迅速地从一个农业国家转型成为一个工业国家,无论地理学还是社会学意义上,其人口都在极具膨胀和流动着。这一高速现代化的成就被归功于传统与进步组成的强大且不稳定的混合体。手工艺经济及其对学徒制和技巧的强调,被改革后的大学以严密精确的科学研究方法所替代。在君主立宪制近乎专制的权力中,俾斯麦的社会福利政策和一个新的秩序井然的劳动力市场找到了它们的联合点。统治阶层(实际上是普鲁士)灌输的工作伦理和强调勤奋

---

[1] 汉斯·梅耶,《历史中的布莱希特》,法兰克福,1976,第29页。
[2] 转引自克里斯蒂安·格拉夫·冯·克罗科(Christian Graf von Krockow),《德国人的世纪,1890—1990》(*Die Deutschen in ihrem Jahrhundert, 1890-1990*),莱恩贝克,1990,第17页。

朴素的教育系统,与正在崛起的大众文化相遇,而后者试图为现在有了闲暇和闲钱的人们提供娱乐。但后俾斯麦时代的德国缺乏自信。正如历史学家詹姆斯·席汉(James Sheehan)所言,现代德国身份曾经是、也正是以"多样与断裂,丰富与碎片,多产和流动",以及一种植根于经济繁荣与独立、国家主义与人民大众(Volk)、文化和技术现代性、自由主义、社会主义、保守主义之间的矛盾与冲突之上深刻的、社会心理上的不安全感为标志。[1] 资产阶级毁于三十年战争,又在1848年革命时失败,因此无法安放新大众日益增长的社会和经济欲望之间的矛盾。中产阶级主要由臭名昭著且权力巨大的德国公务员(Beamten)构成,他们牢牢地组成了这个国家的官僚机器。而俾斯麦和威廉二世统治下的德国,显而易见地守护着强调秩序、纪律的德意志美德,并且一直保持着半封建式的象征,如封号、徽章、制服、奖章。因为畏惧工人运动,正如畏惧科技进步和大众文化导致的低俗化一样,德国资产阶级躲进了无处不在的父亲形象的怀抱里,正如托马斯·曼恰如其分的形容,"尊贵的国家博士元帅"[2]。

然而,历史学家克里斯蒂安·格拉夫·冯·克罗科所

---

[1] 詹姆斯·J. 席汉,《德国历史,1770—1866》(*German History,1770-1866*),牛津,1989,第1页。
[2] 托马斯·曼,《一个非政治化者的思考》(*Betrachtungen eines Unpolitischen*),法兰克福,1956,第239页。(译者注)这里是对国家进行拟人化想象,国家的形象同时在军权(元帅)和智力(博士)上都处于顶尖。

说的阶级背叛（Renegatentum），朝向多个相关的却往往模糊的方向发展。资产阶级事实上抛弃了作为阐明、强调自由理想的公共空间，但它仍然通过否认和意识形态安慰的行为延续着欺骗性的外表。除了军事和行政机构以外，一种日益小圈子化的高雅文化也在兴起，同时兴起的还有日渐增长的那种以古代探险和异域探险为主题来迎合逃避现实需求的大众幻想文学，沉浸于日耳曼神话中的浪漫而又常常带有一丝苦涩的反对现代主义的民粹主义，和看重社区高于社会、等级秩序高于平等的恐法症（Francophobia）。[1] 这其中的任何一项都为意识形态的无根状态提供了喘息之机，但是它们为了锚定德国精神而展开的竞争却令人不安。文化的功能被相应地判定。正如社会学家、哲学家尤尔根·哈贝马斯（Jürgen Habermas）细致分析过的那样，19世纪末德国资产阶级的公共领域相应地重新被封建化和私有化了。文化，曾经，在理想中是为了与所有社会成员实际或至少是表面上关联的事物进行自主的、批判性的交流，但现在日益被占有——被商业、个人利益、德国古典传统和思想史（Geistesgeschichte）的神圣性、或是同样不容置疑的日耳曼精神所决定。[2] 这种转变的关键在于，资产阶级的公共领域——它的语言、它的沟通渠道、它对无意于

---

[1] 克罗科，《德国人的世纪，1890—1990》，第 43 页。
[2] 尤尔根·哈贝马斯，《公共领域的结构转型：一类公民社会的研究》（*Sturkturwandel der Öffentlichkeit: Untersuchungen zu einer Kategorie der bürgerlichen Gesellschaft*），法兰克福，1990。

批判的传统的强调——没有被解散而是被重新启用了。

随着批判理性（raisonnement）被替代性行动（Handlungsersatz）所取代，布莱希特和他的同代人发现自己身处一种对于过往的浪漫化探索之中。然而布莱希特丝毫不愿意加入这种时兴的对"自然"的归属形式的探索，即萦绕于威廉王朝时期对所谓德意志精神的追寻。从1913年左右开始，布莱希特开始几乎每日写作。他潦草地记下一些诗歌片段、日志片段，并且在校报《收获》（*Die Ernte*）上发表了一些，为战争明信片写韵文（卖给当地红十字会），给他唯一的弟弟，瓦尔特，写充满感情的信。到1914年，他已经开始为《奥格斯堡新报》（*Augsburger Neuesten Nachrichten*）写诗歌和文章。布莱希特对自己这些早期的尝试并不满意。1913年5月21日的日记中，布莱希特这样评价先前的文字练习："这是写作一首民谣的排练。我还没有掌握它的形式！"[1] 但是他坚定地继续着：有超过一百首诗歌和片段得以保存下来，更多则已散失。尽管缺乏文学上的自信，但是这个15岁少年的写作在形式、风格、内容和观点上都令人惊叹。布莱希特的早期作品已然体现出他试图发出不同观点的兴趣，而非典型的青少年感性自恋的书写。与当时流行的呼吁个人牺牲的沙文主义相反，他的诗歌《牺牲！》（*Sacrifice!*，1913）团结大众

---

[1] GBA，xxvi卷，第14页。

去帮助那些受生活环境所迫欺的人。仅仅四天后,布莱希特谱写了《旗帜之歌》(*Banner Song*,1913),歌颂为祖国而牺牲的、手足般的、英雄般的死亡。

布莱希特所在学校的课程计划既传统,但同时也非常广博,从希腊神话和文艺复兴历史,到拉丁语和宗教研究,再到歌德、克莱斯特和席勒、莎士比亚和莫里哀。布莱希特的朋友和同龄人把他称为文学专家(Literaturexperte),并且在日后回忆他不仅阅读课程指定的内容,而且也读犯罪小说、卡尔·麦(Karl May)的狂野西部幻想小说,盖哈特·霍普特曼(Gerhardt Hauptmann)、阿蒂尔·兰波(Arthur Rimbaud)以及弗朗索瓦·维庸(François Villon)。据他一位同学回忆,在1914年,布莱希特的父亲给他了一套弗兰克·韦德金德(Frank Wedekind)作品集。[1] 布莱希特的朋友汉斯·奥托·明斯特(Hans Otto Münsterer)认为,决定了布莱希特到20世纪20年代早期创作的是"那种允许他几乎同时仰慕切萨雷·波吉亚(Cesare Borgia)和圣方济各(Saint Francis)的青春活力和自发性"。[2] 布莱希特作品的不断发展、转变过程,与历史事件、历史情境保持同步,在他最早的作品中可以看出他从各种资料和影响

---

[1] 维尔纳·弗里施(Werner Frisch)和K. W. 奥博迈耶(K. W. Obermeyer)编,《布莱希特在奥格斯堡》(*Brecht in Augsburg*),法兰克福,1976,第56页。
[2] 汉斯·奥托·明斯特,《伯特·布莱希特:回忆与谈话 1917—1922》(*Bert Brecht: Erinnerungen und Gespräche aus den Jahren 1917-1922*),苏黎世,1963,第82页。

来源中进行择选，同时也进行敏锐的批判性观察。

布莱希特早期的诗歌创作以写歌的形式展开。他和他的朋友们几个小时几个小时地在布莱希特的阁楼里谱写歌谣，以及其他用于公共表演的演讲词。他最早的诗歌集叫《布莱希特和他的朋友们所作的吉他曲》(*Songs for Guitar by Bert Brecht and His Friends*)，这个由布莱希特和他的吉他领导的"布莱希特小团体"以提着灯笼唱着欲望和探险、酒精和颓废之歌漫游奥格斯堡著称。这个集子的创作时间虽然是1918年，但也包含了更早时期的作品。诗歌集的名字强调了布莱希特在他的创作伙伴中作为一个领导者的角色以及他对于集体创作的依赖，这两者构成了他一生的工作方法；这同时也显露了此后凝结成形的布莱希特的观点，即著述权和艺术生产在一个更大的文化、社会、政治框架中的角色。集体即兴、讨论交流，无论是在布莱希特家里以神圣的姿态，还是在镇上的探险远足或者在盖布勒旅馆的密室里兴之所为，都是他们创作和表演的关键，而这些作品既是与社会知识权威的交战，也是对个体经验的梳通处理。在奥格斯堡的那些年，布莱希特建立了此后多年仍维系着的友情和创作纽带，也为故事和戏剧提供了人物和行动，或者说是带来了持续不断的创作团队合伙人，比如与艺术家、舞美设计师卡斯帕·奈尔（Caspar Neher）的关系。

布莱希特是那种沉思的、孤独的天才艺术家刻板形象

布莱希特（左）和他的朋友们在郊外漫游，1918。

的解药。在歌德、韦德金德、兰波和维庸的脉络之中，布莱希特的诗歌相当于歌德所说的"即事诗"（Gelegenheitsgedichte），由现实激发，以现实为基础。[1] 1913 年写的《工人》（Workers）成为了年轻的布莱希特批判性观察能力的最佳印证。他在诗歌开头描写筋疲力尽的工人们下工后回家的艰难路程，阴沉的天空挫败了他们生活的决心和希望。随后布莱希特写道：

>   若非多年间
>
>   曾有一次燃起暴怒

---

[1] 雅恩·克诺普夫编，《布莱希特手册五卷本》（*Brecht Handbuch in fünf Bänden*），斯图加特，2001，ii 卷，第 3 页。

一阵喧哗

他们愤恨咒骂

并且甩动锁链?

但是在家里!有妻子和幼子

他们需要亲爱的父亲

当他看到他们在脑海里浮现

咒骂平息

清醒思考是多么艰难!

复仇与自由就这样被遗忘![1]

远在他接触马克思主义理论从而发展出鲜明的政治意识和辩证的思考方式之前,在稚嫩的15岁时,布莱希特就把他对于工人阶级的日常生活现实、习惯、困难与需求的第一手经验与异化带来的转变和可能性联系在一起。由于他的父亲是海恩德尔谢纸业的主管经理,布莱希特一家就和劳工阶级一起住在公司的房产项目"社会住房"(Sozialbauwohnung)里,他父亲负责监管这些房产。那里没有对人类反叛精神复兴的欢呼,也没有号召无产阶级团结一致——这里的艺术还仅仅与它所处的环境联系在一起。这首诗清晰地表达了公共与私人之间、政治观点与个人现

---

[1] GBA, xxvi卷,第16页。

实作为互斥的两个舞台之间的张力。主体的责任感和所有权与掌握自己命运的能力被区分开来；团结被局限于基于血缘的社区关系而非阶级和劳动概念。

对布莱希特而言，其作品的展示和他的作品一样重要，因为它们的制作、它们在真实世界的作用可以补充它们起源的情境（Gelegenheit）。在民谣、歌谣和莫丽塔特（Moritat，一种讲述犯罪或具有挑逗意味的叙事歌谣）中，布莱希特发现了一种具有时代特色、但同时也是一种熟悉且通俗的方式来讲述他的故事。战中至战后，布莱希特和他的朋友们参加了普莱尔（Plärrer），这是每年春天和秋天在奥格斯堡都会举办的民间节日集会。据他的朋友马克斯·克诺布拉赫（Max Knoblach）回忆，布莱希特曾说在普莱尔"一个人可以体验到真正的世界"。[1] 布莱希特被集市里工人们那种无拘无束、不落俗套的生活方式深深吸引了。民谣歌手（Bänkelsänger）站在一个装饰得五颜六色的木盒子上面唱着歌；如果是在唱莫丽塔特，则用鲁特琴或手风琴伴奏，有时再加上一块富有意义的背景板或画布，用歌声讲述那些或远或近的耸人听闻的故事。

布莱希特迷上了这些"平民报纸"，而据他弟弟瓦尔特回忆，同样让他着迷的是那些他在父母家"听到的仆人们

---

[1] 弗里施和奥博迈耶编，《布莱希特在奥格斯堡》，第 174 页。

的歌曲，讲述了强盗的故事和奋不顾身的爱情"。[1] 民谣这种直接的内容和风格，毫无伤春悲秋、美妙而不加掩饰的朴素，给布莱希特刻下深深的印象。他下定决心，他也要讲述这样"瞠目结舌"的故事。[2]

同样，这位年轻的诗人也很喜爱他偏好的作家作品中所体现出来的那种具体现实和直率了当的艺术风格。比如，他欣赏韦德金德的舞台表现力和演技，喜欢他讲述黑暗时代时的疏离和俏皮的轻快感，以及他平易近人的语言。1918年韦德金德去世时，布莱希特满含敬意地这样描写他的容貌："他就站在那里，丑陋、粗暴、危险……用尖利的声音唱着他的歌，有点单调，而且很不熟练；从来没有一个歌手给我留下如此深刻的印象，让我如此震撼。"[3] 而维庸之所以受到他的推崇，是因为维庸拒绝遵从社会规范，也因为他不拘泥于传统权威的诗歌方法。布莱希特在他身上看到了"富人的噩梦，一个暴徒和皮条客，一个民谣歌手，一个无赖"，他的工作室是"森林和酒馆"，他用人民的声音和语言，快乐且无悔地歌唱。[4]

不管是出于策略还是因为缺乏旋律感，布莱希特自己

---

1 瓦尔特·布莱希特（Walter Brecht），《那时我们在奥格斯堡的生活》（*Unser Leben in Augsburg, damals*），法兰克福，1984，第124页。
2 《1920年8月26日日记》，GBA, xxvi 卷，第141页。
3 GBA, xxi 卷，第35页。
4 《弗朗索瓦·维庸的歌谣》（*The Ballad of François Villon*, 1918），GBA, xiii 卷，第114—115页。

创作的表演方式同样不和谐,朗诵多于歌唱。布莱希特的第一任妻子、歌剧演员玛丽安·佐夫(Marianne Zoff)回忆说,他那金属般的嗓音让她脊柱一阵战栗,而小说家、剧作家利翁·福伊希特万格(Lion Feuchtwanger)在其小说《成功》(*Erfolg*)中这样描述以布莱希特为原型的人物的音乐:

> 明亮、放肆、声音尖锐、丑陋、毫不掩饰的俚语……这些民谣涵盖了平凡事与平凡人,带有一种大城市的土气的观感,前所未见,单薄而愤怒,带着流氓气,毫无顾忌的劲头,前所未闻。[1]

布莱希特强调自己对故事的不浪漫、不屈服的表现特质,源于他对以客观发现而非道德或世界观为处理对象的坚定决心。此时,他在学校里开始因为对牺牲和爱国主义的不敬而惹上麻烦,而且他不想与著名的漂鸟(Wandervögel)这个青年组织运动怀旧式的兄弟扯上任何关系,尽管他的一些朋友和他弟弟是其中的成员。这个漂鸟组织是民粹主义中产阶级时兴的谴责并逃离城市的一部分。这些唱着歌的远足们借鉴了德国民间音乐的遗产,反对社会的城市化进程,希望重新寻回人类与自然之间、与同类之间那种被遗忘的关系。与此相似的自

---

1 利翁·福伊希特万格,《成功》,i 卷,柏林,1930,第 291 页。

然主义，深深地与前现代的、某种意义上贵族化的社区和居住理想绑定在一起，并在德国青年运动中普遍盛行，这也是青年摆脱父辈严格的保守主义的一种尝试。苦闷和文化悲观主义（Kulturpessimismus）以一种拒绝物质需求和理性的绝对的精神为引导，例如尤利乌斯·朗贝（Julius Langbehn）、奥斯瓦尔德·斯宾格勒（Oswald Spengler）与费迪南德·托尼斯（Ferdinand Tönnies）对有机的共同体生活的颂扬，以及斯特凡·乔治（Stefan George）对英雄主义的、男性欧洲青年形象想象性的复兴。无论是表现主义（Expressionism）和新艺术运动（Jugendstil）所宣扬的"激进的背离"（Aufbruch），还是重新封建化的资产阶级高雅文化，都没有多少空间接受进步的社会变革的观念。

布莱希特自己也有抛弃自身阶级的欲望，但却不是为了向上爬。事后看来，他写于 1938 年诗歌《以正当理由被驱逐》（*Driven Out for Good Reason*）不可否认地具有自传色彩，描述了他对社会约束的传承的不适感：

> 我以富家之子的身份
>
> 长大。我的父母把
>
> 项圈套上我的脖子，并且培养我
>
> 习于被服侍
>
> 教我发号施令的艺术。但是
>
> 当我长大环顾四周

> 我不喜欢我这个阶级的人
>
> 不喜欢发号施令,不喜欢被服侍
>
> 我离开了我的阶级,加入了
>
> 低等人群。[1]

和他的同胞们一样,年轻的布莱希特也被裹挟进了动荡和转型的时代氛围中,但他并没有被教育和社会化所规定的舒适地位所诱惑。相反,他对新旧文化形式的探索和实验,揭露了资产阶级的双重道德(Doppelmoral)。他开始以重新利用描写正直英雄、虔诚之举、爱之纯洁、自然之宏伟的方式为乐。他的情歌往往近乎粗糙和庸俗:比如《苦涩情歌》(*A Bitter Love Song*, 1918),用随肉体之美的消逝而减退的情欲置换了永恒奉献的神圣,布莱希特建议朗诵它时要"哀悼而铿锵"。[2] 正如韦德金德和维庸一样,这种表现方法以及粗俗语言的使用,与该文学形式所流露出的浪漫主义形成了猛烈的冲突。在布莱希特的其他作品中,身体不是个人的私密之处,而被变为打破道德禁忌的狂欢庆典。在许多情况下,婚姻常常被作为一种在道德准则的掩盖下进行非法行为的制度而被暴露出来。在《爱与死之歌》(*Ballad of the Love Death*, 1921)中,中世纪莎士比亚式的主题被扭曲,因为爱情被还原为淫乱,理想化的

---

[1] GBA,xii 卷,第 84 页。威利特和曼海姆译,《诗歌》,第 316—317 页。
[2] GBA,xi 卷,第 292 页。

永恒浪漫被肉体腐烂的过程所取代。布莱希特通过爱情描述死亡，与诗歌传统中通过死亡描述爱情这一定式如出一辙。

布莱希特在20世纪20年代初的作品中有了更直接的社会批判性视角。《儿童谋杀犯玛丽·法拉》(*Of the Child Murderer Marie Farrar*, 1922) 讲述了一个女人被指控谋杀的故事，她堕胎失败，然后杀死了自己的新生儿子。这首诗是布莱希特第二本诗集《虔诚指南》(*Manual of Piety*, 1927) 中祈祷歌（Bittgesänge）的一部分。布莱希特没有让这个女人为自己未婚怀孕或者最后诉诸的绝望行动忏悔，而是指责这个社会辜负了她，因为这个社会的结构不能也不愿支持超出世俗接受范围的行为。[1]

在布莱希特的歌曲和诗歌中，自然环境往往是不雅的嬉戏场所：人物在草地上打滚，在河岸和森林狂欢野餐。大自然是一个从未存在过的天堂的提示，是死亡和毁灭的领域，也是一个充满不确定性的冒险的实践场所。在《春》(*Spring*, 1915) 中，对这个季节的喜悦期待被衬以战争的残酷；在《唐纳德堡铁路工人之歌》(*The Song of the Railway Workers of Fort Donald*, 1916) 中，自然作为人类的敌人出现，是人类意志力和环境力量之战中的赢家；在《在河流湖泊中游泳》(*Of Swimming in Rivers and Lakes*,

---

1 GBA, xi 卷，第 39 页。

1919）中，自然中的自我毁弃倾向，与回归自然运动中的引导性机制和教条的语气并置。在《呼吸礼拜》（*A Liturgy of Breath*，1924）中，布莱希特构建了自然与古典诗歌形式的平行关系。这首诗由七节组成，每节后面都有一个从歌德的《流浪者夜歌》（*Wandrers Nachtlied*，1778—1780）中借来的叠句，在形式和叙事上都向自然化的社会结构和使之得以维系的文化传统提出了挑战。[1] 歌德的诗突出自然的平和与宁静，成为德国教化的一块基石，而布莱希特的诗则描述了相互竞争的秩序和维护这些秩序的语言之间的斗争。用一种日常语言讲述一个被社会政治势力折磨的老妇人以及那些前来帮助她的人被残酷镇压的故事，让人想起古典民间故事或歌谣；由抒情传统所确立的自然，不仅对不公正视而不见，而且为其蒙上了一层宁静的面纱。对布莱希特来说，死亡已经成为一种社会问题，而非自然问题。在诗的结尾，随着团结和新的政治意识最终能够站起来对抗日益严重的压迫，主人公们攻击的不是专制国家的爪牙，而是歌德那在树梢上安然入睡的恬静鸟儿。

《呼吸礼拜》直到 1927 年才作为祈祷歌（Bittgesänge）的一部分发表，这强调了这部作品作为对固有观念和态度进行批判性反思的工具的价值。像《春》《唐纳德堡铁路工人之歌》和《在河流湖泊中游泳》等作品也具有相似的功

---

[1] GBA, xi 卷，第 49—53 页。威利特和曼海姆译，《诗歌》，第 100—104 页。

能，因为它们在主流资产阶级刊物上发表，除了《奥格斯堡新报》和《新默克尔报》（*Der Neue Merkur*）以外，后来还有《柏林证交报》（*Berliner Börsen-Courier*）和《世界报》（*Die Weltbühne*）等。布莱希特拒绝对信众布道，他是在为他的时代的混乱和不谐发声，他没有试图用一种世界观取代另一种，而是在那些吵闹着寻求目标感和连续性的人们面前解剖并连接传统与观念。

这种传统与现实的辩证关系，也决定了布莱希特作为戏剧评论家的大部分作品。1919年至1921年间，他为《大众意志报》撰写了大部分关于奥格斯堡剧院上演剧目的评论，该报在1920年12月之前是联合社会民主党（USDP）的机关报，然后短暂地成为了德国共产党（KPD）的机关报，直到1921年1月德共以"煽动性倾向"为由禁止了。这些文章几乎丝毫没有表现出对经典作品魅力的敬畏，无论是古老的还是近代的，无论是席勒的《唐·卡洛斯》还是易卜生的《鬼魂》。布莱希特对表演本身更感兴趣——演员、舞台、观众——他能对这些部分进行了细致入微的描述。他的评论不同寻常，因为他对有名望的作家、剧作和演员缺乏尊敬甚至进行挑衅，以至于奥格斯堡剧院取消了给评论家的赠票；还有一次，一位女演员试图以侮辱罪起诉布莱希特。无论是否出于策略，布莱希特使用粗俗的语言和描述而非居高临下的专业话语，突显出剧院已经成为文化机制和个人表演相结合的场所，从而产生了巨大的娱乐和批判相结合的效果。例如，他痛斥了乔治·凯撒（Georg Kaiser）戏剧中的"自命不凡的修辞"，总结道："这种为了让尽可能少的人敢说他们理解你的写作风格，并不是艺术作品。"[1] 而另一方面，像卡巴莱演员卡尔·瓦伦丁（Karl Valentin）这样的人，坐在啤酒馆面对着抽烟喝酒的观众，展现出一种"干巴巴的骨子里的幽默"，因为"一切事物都有不足，包括我们自身"。[2] 布莱希特说，瓦伦丁像查理·卓别林（Charlie Chaplin）一样，当他展示个人与周围环境、彼此和自己可悲又可笑的日常纠葛时，拒绝了"几乎所有模仿和廉价的心理学解释"。[3]

布莱希特早期对娱乐、流行［在大众文化（Volkstümlichkeit）的意义上］的强调以及对观众日常经验的关注，为他未来在美学和戏剧理论上的发展提供了关键性基础。[4] 他开始将戏剧与体育相提并论，主张后者与现实的直接联系，强调舞台前的所谓的第四堵墙的缺失，和观众在生理、心理上对运动赛事、运动员及其表现语言的亲近。布莱希特还将他的批判延伸到奥格斯堡剧院及其对艺术漠不关心

---

[1]《关于修辞》（*Regarding Rhetoric*）和《关于表现主义》（*On Expressionism*, 1920），GBA, xxi 卷，第 49 页。
[2]《卡尔·瓦伦丁》（*Karl Valentin*, 1922），同上，第 101—102 页。
[3] 同上。
[4] 见维尔纳·赫希特，《奥格斯堡剧评人》（*Der Augsburger Theaterkritiker*），收录于《关于布莱希特的七个研究》（*Sieben Studien über Brecht*），法兰克福，1972，第 7—24 页。以及曼弗雷德·沃格兹（Manfred Voigts），《布莱希特戏剧观念：1931 年之前的起源与发展》（*Brechts Theaterkonzeptionen: Entstehung und Entfaltung bis 1931*），慕尼黑，1977。

的问题上：战后，该机构失去了大部分固定的中产阶级观众，因此文化管理机构对歌剧院进行了大量投资，而剧院里几乎只上演轻歌剧。布莱希特在几篇文章和一封公开信中抨击了管理部门的决定，坚持戏剧不仅仅是商业或壮观的场面，应当把"艺术的旨趣"被置于任何个人旨趣之上，无论是导演、演员、还是机构。[1]

此时，"艺术的旨趣"到底是什么仍不明晰。但将它放在布莱希特同时期的其他作品中解读，可以看出他是在呼吁一种接近社会现实的艺术，并且把现实作为一种社会性的中介性的方式来体验。戏剧的责任是承认并使现实与艺术的关系变得可感，艺术是现实的中介，一种不仅传递而且生产经验的语言。早期这种对参与的强调，延伸到布莱希特对批评的要求、其语言的自觉性以及与作品和观众相对应的定位。巴特后来将之称为"与世界共谋的状态"，属于"布莱希特批评的任务"之一，这种实践"从定义上讲，与我们这个时代的问题有着广泛的联系"。他宣称："布莱希特式的批评将……由观众、读者、消费者而不是评论者来写：它是一个当事人的批评。"[2] 它将成为一种传统，就像布莱希特运用他那个时代的传统一样：不断更新的、集

---

[1] 《对剧院工作人员公开信的回应》(*Reply to the Open Letter by the Personnel of the Stadttheater*, 1920)，GBA, xxi 卷，第 86 页。
[2] 罗兰·巴特，《布莱希特批判的任务》(*The Task of Brechtian Criticism*)，收录于《批评文集》(*Critical Essays*)，罗兰·巴特编，埃文斯顿，伊利诺伊州，1972，第 71 页。

体行动的批判性表演。

战争

从第一次世界大战前到战后,死亡一直是布莱希特许多诗歌的主角,无论是《燃烧的树》(*The Burning Tree*,1913)和《秃鹫树》(*Vulture Tree*,1917)中自然作为毁灭和堕落的场所呈现,还是《激情》(*Passion*,1913)中狂热的激情将一个提琴手逼至生命边缘,抑或是《1913年7月》(*July 1913*,1913),车间工人的恪守职责造成了非人的损失。这些文本具有一种奇怪而迷人的情节剧的力量,有时是似是而非的撩拨,有时是自发而直接的感性。但相比隐喻和象征主义,布莱希特对一种富有诗意的真实性更感兴趣。血色的天空、炽热的焰芒、土地上的鲜血都像生与死一样真实,尽管这并不排除某种尼采式的英雄主义的近乎庄严的胜利:面对死亡的迫近时那种对生的欲望,以及尽管对生命充满激情但仍然存在对死亡的渴望。他在战前和战争开始时写的文本很明显共享了彼时大环境氛围里的一种宏大的宿命论和对万象更新的狂喜,这种气氛挪用尼采的存在主义以肯定爱国主义幻想是一种具有优越感的美德。但是当他的同伴们开始赞颂灾难性的破坏,并且同时宣扬个人为了更伟大、更完满的善做出牺牲的时候,布莱希特的作品则具有不寻常的新闻报道式的品质：他采用了不同的声音和视角，不断在诗性和描述性、悲剧和喜剧的语言之间迅速切换。

这位年轻的作家发现，自己有了许多争先恐后地迎接战争的诗人同伴。据报道，仅1918年8月，德国就创作了150万首战争诗。[1] 与欧洲大部分地区一样，此时的德国洋溢着沙文主义和爱国主义团结精神带来的欢欣。鲁道夫·亚历山大·施罗德（Rudolf Alexander Schröder）、恩斯特·斯塔德勒（Ernst Stadler）甚至莱纳·马利亚·里尔克（Rainer Maria Rilke）等作家都捕捉到并放大了这一民族情绪，歌颂利他主义的兄弟情、更高的使命与德意志民族的永恒荣耀。1789年以来陈旧的法兰西价值观——自由、平等和博爱，被德国式的义务、秩序和正义观念取代。政治家和文化领袖们围绕着共同体和自然秩序的明显反现代的言论，掩盖了这是一场由功利主义驱动的、追逐经济利益和扩张军事科技力量的战争的实质。法国作为被锁定的对手，被塑造成一个有着后天人为的社会结构、为了物质利益内部人民四分五裂的典型，从而有效地把阶级斗争定义为非德国式的。

关于布莱希特的写作——他的诗、他的战争"书信"和"明信片"——在何种程度上有揭示这一思潮的倾向，

---

[1] 托马斯·安兹（Thomas Anz）和约瑟夫·沃格尔（Joseph Vogel）编，《诗歌与战争：1914—1918年的德国诗歌》，慕尼黑，1982，第12页。

即拒绝启蒙理想，支持一种本质上反民主、甘于服从的态度，学者们产生了分歧。罗纳德·斯比尔（Ronald Speirs）指出，这位年轻诗人患有心脏病，正如他在日记中所记录的那样，这让他感到困扰，偶尔还会引起焦虑。再加上年轻人天然叛逆，斯比尔说，布莱希特很可能特别容易受到诗意地思考死亡和反抗的影响。[1] 另一方面，莱因霍尔德·格林（Reinhold Grimm）则认为，布莱希特早期对战争的热情是一种精心设计的策略，目的是出版作品。[2] 的确，无论是布莱希特当时的书信还是日记，都没有反映出他出版的作品中那种民族主义和战斗豪情，也没有作为文学练笔出现在他的笔记本上。

除去发表一些诗歌、和红十字合作制作了一些战争明信片出售外，布莱希特还写了《奥格斯堡战地来信》（*Augsburg War Letters*），作为对《奥格斯堡新报》定期刊登的德国战地来信的回应。仅在 1914 年 8 月和 9 月两个月中，《慕尼黑-奥格斯堡晚报》（*München-Augsburger Abendzeitung*）就刊登了不少于七封布莱希特的《战地来信》。布莱希特因为他自己的心脏病、父亲的影响以及后来考进慕尼黑大学医学院得以免于上战场。当时的报纸会刊登前线报道，讲述英雄事迹和军事胜利，并夹杂一些幽默

---

[1] 罗纳德·斯比尔，《诗歌 1913—1917》（*Gedichte 1913 - 1917*），收录于克诺普夫《布莱希特手册》，ii 卷，第 24 页。
[2] 莱因霍尔德·格林，《布莱希特与尼采，或一个诗人的自白》（*Brecht und Nietzsche, oder Geständnisse eines Dichters*），法兰克福，1979，第 73—74 页。

和轶闻（据说有些是士兵自己写的），但布莱希特的来信则主要描写后方的情况。他毫不谦虚地将自己与士兵和职业战地记者相提并论，但却与其读者共享同一个观察时代历史大事的视角。

这些书信描述了奥格斯堡派出儿子们与敌人作战时的欢欣鼓舞，以及朗读战壕发来的电报时爆发的欢呼声。大体来说，其口吻肯定牺牲个人利益为祖国服务的必要性。但即使是1914年8月14日的第一封战地来信，也通过描写那些目送亲人离去的悲伤和焦虑来提醒读者要"看到莫大的痛苦"。[1] 其他的观察似乎带着一丝反讽的意味，比如当提到威廉二世在战场上一夜成名时，布莱希特以啤酒馆常客餐桌上关于他的谈话"根本不荒谬"作结。[2] 下一封信中，他把"快乐"的战争打上了双引号，而那些获知丈夫、兄弟、儿子死讯的人们的情绪也得到了展现。[3] 布莱希特也避免了对英雄主义的赞歌和对敌人的贬斥。他的观点愈发多地聚焦在双方的受害者和战争的代价上，聚焦在双方修辞与报道的并置对比上；他的文章将指引伟大战役的迷人理想与精确的、机械化战争机器的冷酷现实关联在了一起。

1918年，也就是他开始服役的那一年（1918年10月

---

[1] GBA, xxi卷, 第10页。
[2] 同上, 第11页。
[3] 《奥格斯堡战地来信》（1914年8月20日），GBA, xxi卷, 第14页。

至 1919 年 1 月，布莱希特在奥格斯堡的雇佣兵军医院担任护工），布莱希特写下了他最著名的战争诗之一——《阵亡战士的传说》。[1] 像布莱希特当时写的许多作品一样，尤其是后来被收录在《虔诚指南》中的那些，《传说》是为了演唱而创作的。当这首歌演出时，观众的反应两极分化，有人起立鼓掌，而另一部分人则因为布莱希特充满挑衅性的表达而扬起了拳头。1921 年，他在柏林的一家卡巴莱歌舞厅演出了这首歌曲，随后被禁止再在那里演出。1923 年，民族主义报纸《柏林地方报》（*Berliner Lokalanzeiger*）指责德意志剧院在其一本小册子中印制的这首歌的歌词"粗鲁而缺乏技巧"。[2] 库尔特·图霍尔斯基（Kurt Tucholsky）后来钦佩地写道："有些人认为这首歌是普鲁士式的，但没有哪首像这样！……这是具有伟大特质的诗歌成就。"[3] 布莱希特回忆这首诗的创作背景即 20 世纪 30 年代中期，描述了军队为最后的进攻努力寻找所有留存的"人力材料"："十七岁和十五岁的人都穿上军装被送往前线。意味着'k. v.'（'适合服现役'，kriegsverwendungsfähig）这个词，再一次吓坏了数百万的家庭。死者的尸骨被挖出来服现役。"[4]

---

[1] 这首诗 1922 年以前始终未发表。参见 GBA, xi 卷，第 322 页。
[2] 同上，第 323 页。
[3] 库尔特·图霍尔斯基，《伯特·布莱希特的邮编》（*Bert Brechts Hauspostille*），《世界舞台》（*Weltbühne*），1928 年 2 月 28 日，重印收录于《全集》（*Gesamtausgabe*），莱恩贝克，1999，x 卷，第 87 页。
[4] 《无日期日记》，GBA, xi 卷，第 322 页。

《阵亡战士的传说》讲述了一个无名战士在意识到战争无法通往和平后，选择壮烈牺牲的故事。但战争还没有结束，皇帝决定将死去战士的尸骨挖出来。这一幕让人想起乔治·格罗兹（George Grosz）1919年发表在达达派杂志《破产》（*Die Pleite*）上的著名画作《KV》，一个委员长认为一个男人适合服役，接下来举行了一场怪诞的游行，一个具有德意志式责任感的公民（Bürger）领头，带着"哼哼唧唧"的、袒胸露乳的女士们，喝着杜松子酒，大声欢呼着，将尸体拖过田野，穿过村庄，回到战场。熏香掩盖了腐烂的恶臭，帝国的旗帜遮蔽了沾满粪便的裹尸布，士兵本人则消失在喧嚣之中。此处布莱希特狡黠地指出了个人被一个超越教会、国家和军事机构的庞大机器所工具化，并表现于日常生活的各个方面。这首诗具备音乐上的轻盈感和直白的搞笑段落，但也有着简单、动人的时刻：

> 他们带走了阵亡战士
> 夜空深蓝澄澈
> 要不是戴着战盔，
> 定能看到家乡的星星。

在这个文本中，自然被赋予一种人性的形象，但人类却暴露出其野蛮。天空只有星星，黎明的红光透露出一丝希望的火光。复活具有宗教色彩，但这里没有救赎：士兵死了两次。布莱希特取材于畅销书中流行的英雄之死的神话，如莱纳·马利亚·里尔克的《康奈特·克里斯托弗·里尔克的生死之途》（*Die Weise von Liebe und Tod des Cornets Christoph Rilke*），这本书1912年出版后立刻销售一空，而且据说每个年轻士兵的背包里都有一本；又如瓦尔特·弗莱克斯（Walter Flex）的《两个世界之间的流浪者》（*Der Wanderer zwischen beiden Welten*，1918）。然而布莱希特也正面处理了在信仰世俗化、功能化的时代，爱国主义、宗教形式与传统被强有力地融合为意识形态这一现象。

布莱希特反复挪用人们耳熟能详的宗教教导形式，试图揭露而非重建宗教在文化中以承诺救赎换取盲目服从的作用。他早期的诗歌和民谣采用了路德式德语惯用的语言和方言，易于记忆的结构、韵律、复沓也让人想到教堂礼拜仪式和圣经段落的背诵。但布莱希特的目的是要在观众面前祛魅：《失望者的天堂》（*The Heaven of the Disappointed*，1917）描述了一个永远悬置于黑暗与光明之间的空间，在那里，"阴郁的灵魂……坐在那里，无泪，沉默，独自一人"。而《妓女伊芙琳·罗伊的传说》（*The Legend of the Harlot Evelyn Roe*，1918）则重写了埃及玛丽亚的故事，原故事中通过一个神的奇迹将玛丽亚从妓女变成圣人，但布莱希特则把这个仁慈和宽恕的故事变成了一首谣曲，那个反复被剥削和虐待但虔诚忏悔的女孩，得到的不是赦免而是永恒的谴责。[1]

从1920年开始,布莱希特写作了大量的"赞美诗"。《圣经》原篇的开放式结构和不规则的诗体,恰好契合了这位憔悴的作家度过坎坷的需要:他的母亲于当年5月去世,而他经常往返于奥格斯堡、慕尼黑(他在那里学医)和柏林之间,寻求成功和名声。因为在青少年时期就参加了必修的坚信礼课程,布莱希特十分清楚传统赞美诗旨在为上帝和他的子民之间提供一种常以音乐演绎的对话,给上帝的超能和无所不在赋以具体的形象,并且强调这种对话形式在遭遇日常烦扰甚至是社会政治困境时同样适用。然而相比于其开放的形式,布莱希特似乎对这些文本的颠覆性潜力并不感兴趣。1920年8月31日他在日记中写道:"我又要写赞美诗了。押韵耗时太长。"[2] 布莱希特的赞美诗保留了死亡和无常的主题,而他笔下的爱既非同情也非宽恕,而是服务于实用性生理需求的满足。

在战后的几年里,寻找新的主体性和扩大"上帝"的概念成为常见现象。表现主义作家尝试反经典的抒情形式,寻求一种对自我新的理解,而新的宗教信仰则象征着对战争和军国主义的远离。布莱希特的赞美诗以其世俗的内容和自然的语言脱颖而出。在战后努力填补权力和意义真空的混乱中,布莱希特发现自己在实验一种对抗的策略,对

---

[1] GBA, xiii卷,第102—104页;威利特、曼海姆译,《诗歌》,第5—7页。
[2] GBA, xxvi卷,第146页。

抗自鸣得意的艺术家那些或新或旧的形式以及他们所谓的知识分子态度，哪怕其新形式以进步和创新为幌子。

对抗

1918年4月到7月间，布莱希特创作了他的第一部长篇戏剧《巴尔》，这也是他第一次认真地尝试闯入戏剧世界。过去，作为一个批评家，他往往扮演破而非立的角色：

> 德国戏剧正在下沉，很明显，下沉得快、很痛快、很顺从……但我们想让自己像在家里一样舒适，伸开双腿躺在甲板上，看看怎样才能把船往前推。也许我们会大口地喝从板子缝隙里漏下的水，也许我们会把最后一件衬衫从桅杆扯下来当帆，让风顶着它吹，让暴风雨朝着它放屁。然后唱着歌随船下沉，这样触底之时至少里面还有一点东西。[1]

正如他的诗一样，布莱希特的出发点并不是为了翻新一种艺术形式，而是为了对抗其反复重建并成为一种兜售远离时代现实的飘缈理念的机构。

---

1 《1920年9月24日日记》，GBA, xxvi 卷，第169—170页。

这部戏讲述了巴尔的故事，他是一个当代诗人，过着古怪而不道德的生活，正如他的诗歌一样挑战着周围的社会规范和价值观。他尽情地喝酒、斗殴、偷懒、通奸，不仅牺牲了朋友和朋友的情人，最终也牺牲了自己。巴尔的生活和他的艺术是一体的，如布莱希特所描绘的，他放弃了所有审美性，按照莫丽塔特的传统，坦率地歌唱暴力的行为和态度。与其说世界是一个进行反思或诉诸行动的场所，不如说是一个物质性的游乐场，被冷漠地使用乃至滥用。看着这片空旷的空间，主人公咂着嘴唇，给观众们留下思考："这个世界还能给巴尔什么呢？巴尔是圆满的。"[1] 巴尔孤独地死在树林里，死在那些为了毁灭自然、带来文明病（civilis）的伐木工人中间——文明病这个词是布莱希特将文明（civil）和梅毒（syphilis）组合而发明出来的新词。

从方法论的角度看，这部戏可以分成传记性和历史性两个层面。它道出了作者在战中和战后的经历，他拒绝主流世界观合理化战争造成的破坏，因为这种破坏摧残了人的身体和精神。同时这也证明了布莱希特以反抗的姿态拥抱生命，他似乎把世界当作一套依自己欲望来使用的工具。这位年轻的剧作家继续在奥格斯堡、慕尼黑以及越来越频繁前往的柏林之间往返。作为一名医学生，他选修的课程

---

[1]《男人巴尔的合唱曲》(*Choral of the Man Baal*, 1918)，GBA, xi 卷，第108页。

更多是为了满足他创作的需要而不是学位的要求,他上的文学史和戏剧史课程要多于药学和解剖学课程。在战争期间,作为一名医疗勤务员,他穿着黄色军鞋,拿着驾车的短鞭,称医生们为"同事"。他玩笑着,有时甚至不太情愿,却在不断改变着自己对生命的态度以及对自己所扮演角色的理解。当时的一篇日记可以证明:"我一直在忘记自己的观点,无法下决心记住它们。"[1] 他的感情生活也相当复杂。1919年至1924年间,布莱希特成为了三个孩子的父亲——弗兰克、汉娜和斯特凡——而他们的母亲是三个不同的女人:宝拉·班霍尔泽(Paula Bannholzer),她的父母拒绝接受这位不修边幅的诗人成为他们的女婿;歌手玛丽安·佐夫,怀上布莱希特的女儿后两人才成婚;以及女演员海伦·魏格尔(Helene Weigel),他一生的妻子、合作者和最热情的支持者(魏格尔和布莱希特后来还于1930年10月生育了一个女儿芭芭拉)。这位新晋剧作家臭名昭著的宣言"让他们成长吧,小布莱希特们",显示了他对伴侣关系和养育后代的轻率。他总在变,对理想、事业和他人的承诺总是变幻无常,就像他剧中鲁莽的主人公一样,既爱冒险,又忧郁。他过着流浪汉的生活,没什么钱也没什么吃的,但他的信件和日记却表达着他对子女和其母亲幸福的持续关注。[2] 在那个年代,酒精比食物更易得,1921

---

[1] 《1920年8月24日日记》,GBA,xxvi卷,第139页。
[2] 参见 GBA,xxviii卷,第63—278页;GBA,xxvi卷,第121—286页。

年初，布莱希特因严重营养不良被送进柏林慈善医院治疗。

以战后的混乱为语境，《巴尔》强调了德国这场试图向德意志民族以及整个世界证明前现代价值观至高无上却惨遭失败的战争所遗留的残骸。虽然经过多年的修改和补充，到1922年才出版，《巴尔》1923年的首次上演还是击中了这个国家的伤口。1918年秋天，面对陷入僵局的前线和前所未有的灾难，鲁登道夫（Ludendorff）将军和陆军司令部选择了休战，饶过最后还活着的那些士兵的性命，而海军司令们则决定发动最后的绝望攻击。这场尼伯龙根（Nibelungen）[1]式结局在基尔和柏林的海军士兵哗变后得以避免。吊诡的是，在此之后德意志第二帝国随后宣布了自己的终结，以及共和政体（即魏玛共和国）的确立，马克斯·冯·巴登亲王（Prince Max von Baden）——鲁登道夫将军和臭名昭著的陆军元帅保罗·冯·兴登堡（Paul von Hindenburg）被选为与盟军谈判停战的人选——亲自宣布了威廉二世的退位，并且任命弗里德里希·艾伯特（Friedrich Ebert）为新任总理。历史上"十一月革命"（Novemberrevolution）这一转折事件被认为是一场自上而下的革命。

---

[1] "尼伯龙根"的故事起源于北欧神话，后来成为德意志经典神话，中世纪有史诗《尼伯龙根的指环》，讲述屠龙少年齐格弗里德迎娶勃艮第王国公主克里姆希特为妻，后齐格弗里德被克里姆希特之弟、勃艮第国王龚特尔设计杀死，为夫报仇的克里姆希特远嫁匈牙利并唆使两国开战直到尸横遍野、同归于尽的故事。尼伯龙根的故事被反复改编，成为德国文艺上的经典母题，瓦格纳就曾创作歌剧《尼伯龙根的指环》。（译者注）

艾伯特领导下的联合政府提供了一丝议会制民主可能性的微光，但是因为缺乏民族自我反思意识，并没有导致政治观念和前景的根本性变化——错综复杂的官僚体系和军事机构维持了 1918 年以前的架构和人员，他们勤奋地执行着过去的惯习。正如库尔特·图霍尔斯基指出的那样，不合理的妥协伪装成宽容和调和的自由主义美德，并成为了当时的秩序：

> 从 11 月开始，我们就在跳小步舞，但本应挥砍、放火、推倒。幸福的是，德国公民们躺在床上，政府说着漂亮的话……让我们妥协吧，因为这样就没有痛苦。[1]

在第一次世界大战中，至少有 900 万人死亡，3000 万人受伤、被俘或失踪。对许多人来说，战争毫无征兆地结束了，因为当局和报纸不断承诺，士兵和人民的坚韧不拔最终将得到胜利的回报。士兵们在饱受蹂躏的土地上行军，回到了被权力斗争、宗派起义以及关于为何战败、后续如何的争论所撕裂的故土。

反对军方承诺的伟大结局、肯定生命高于一切盲目原则的价值观，本可以作为新生共和国的建国神话。但这个国家的公民却牢牢抓住了背叛的叙事，帝国的覆灭被归咎

---

1 库尔特·图霍尔斯基，《妥协之歌》（*Das Lied vom Kompromiß*），《世界舞台》，1919 年 3 月 13 日，重印收录于《全集》，iii 卷，第 81 页。

乔治·格罗兹，《战后田园诗》(Post-war Idyll)，1921，绘画。

于布尔什维克和法国人带来的内忧外患，轻易地绕开了对民族信念和何人在战中和战后获利的批判性审视。无论是在戏剧、文学还是其他文化形式中，整体趋势是娱乐精神，以转移人们对饥荒、通货膨胀和《凡尔赛条约》所带来的羞辱的注意力，同时满足人们对超越日常琐碎和负担的存在意义的渴望。

与之相反，布莱希特要求艺术是"简单的快乐，真实……反抗形而上学的冲锋兵"，是对如同"用橡皮自慰"的文化的抗争，这种文化仅仅是自我满足，却又害怕真实的欲望和情感。[1] 在《巴尔》中一切保护色都脱落了："巴尔进食!! 巴尔跳舞!! 巴尔变形!!!"[2] 这部戏没有反英雄，没有浪漫，没有解决方案——只有危险的自我意识。本剧的灵感来源众说纷纭：巴尔是《旧约》中的暗黑异教神，是当下（Diesseits）的狂欢庆祝者；其他人则认为布莱希特的灵感来自于一个失败的、邋遢的奥格斯堡诗人约翰·巴尔（Johann Baal），他游荡于酒吧和啤酒屋中；还有一种说法则认为，《巴尔》最初是对汉斯·约斯特（Hanns Johst）的表现主义戏剧《孤独者》（*Der Einsame*, 1917）的回应，布莱希特认为这部戏脱离现实、不愿正视个体遭遇社会失调和孤立的经验。布莱希特本人的目标则在于强调其戏剧的建构性。它的整体形式是"开放的"，呈现的不是一个逻辑的、连贯的、逐步推进的整体，而是一个个场景和元素的拼贴式互换。此外，巴尔是反社会（asozial）或者说反中产阶级的，不仅仅在于他不道德的行径，也不在于他对合理整体性的否定，而在于他将艺术转化为生活再将生活转化为艺术的方式。通过剧中巴尔的狡黠、他的表演、

---

[1]《文学》（*Literatur*），GBA，xxi 卷，第 99—100 页；《1920 年 8 月 29 日日记》，GBA，xxvi 卷，第 145 页。
[2]《1918 年 5 月 5 日在慕尼黑致汉斯·奥托·明斯特的信》，GBA，xxviii 卷，第 51 页。

他对他人的误导，布莱希特指出了艺术的使用价值，并最终指向艺术作为在康德"无功利性"[1]的幌子下兜售的商品的功能——具象化理念和形象，从而确认这种审美自主性的社会不可能性。

然而观众却渴望远离艺术。19世纪德国戏剧从贵族自我表现的舞台转变为资产阶级的启蒙（Bildungs）机构，舞台变成了"道德学校"，在这一点上启蒙哲学家、作家戈特霍尔德·埃弗拉伊姆·莱辛（Gotthold Ephraim Lessing）做了最深入的探讨，他宣称戏剧的目标是"启蒙民众，提高民众，而非重证其愚昧的思维模式"。[2] 演员要以身作则，完全的心理沉浸和情感沉浸对德育的成功至关重要。莱辛还说："悲剧作家应该避免一切能提醒观众身处幻觉的东西，因为一旦他们被提醒，幻觉就会消失。"[3] 与此相似，歌德也要求戏剧呈现出完整的和谐与各部分的整体合一。在德意志第二帝国时期，对导演的要求不是取悦公众，而是充当公众的精神领袖。当1883年德意志剧院在柏林成立时，颁布了一系列新的原则：观众不允许为自己喜欢的演员鼓掌喝彩或要求他们再演一遍，因为这样会打断演出；演员不得接受鲜花或跳出角色；演出时剧场保持黑暗，观

---

[1] 这里指康德对审美的观点，他在《判断力批判》中认为美是无功利性的。（译者注）
[2] 转引自西蒙·威廉姆斯（Simon Williams），《德国戏剧导演：和谐、奇观和整体》（*The Director in the German Theater: Harmony, Spectacle and Ensemble*），《新德国批评29》（*New German Critique, 29*），1983年春夏期，第108页。
[3] 同上，第110页。

众不能像从前那样看见彼此,从而让公众处于字面意义上的黑暗之中。1903到1920年间,马克斯·莱因哈特(Max Reinhardt)可以说是德国戏剧界最伟大的人物,他认为舞台是第二个独立的世界,这个世界为艺术家所拥有,脱离生活世界。作为德意志剧院的导演,莱因哈特在国内和国际舞台上制作了100多部戏剧。他坚持让演员完全进入自己的角色,创造自然,而不是再现自然,主要感染观众的情绪,而不是思维。

有趣的是,这种艺术对已经获得地位的德国左翼有很大的吸引力,甚至在战后也是如此。在十一月革命事件之后,社会民主党领导着一个道路中立的政府,迎合着德国公民和公务员,这些德国中产阶级和所有自诩为中产阶级的人——对于那些见识过无产阶级的幽灵和害怕政治极端主义的人来说,这是一个正常的避难所。慕尼黑大学校长卡尔·沃斯勒(Karl Vossler)回忆托马斯·曼对于去政治化的人的观察,并这样评论他自己的魏玛公民同胞:"旧的愚蠢总是以新的形式出现:一种形而上的、投机的、浪漫的、狂热的、抽象的、神秘的政治活动……发出这种哀叹的人,往往自以为自己太高尚了、太注重精神层面了,不适合政治。"[1] 同时,试图将艺术创作和接受政治化的尝试

---

1 转引自戈登·A. 克雷格(Gordon A. Craig),《现代德国的政治与文化:纽约书评文集》(Politics and Culture in Modern Germany: Essays from the New York Review of Books),帕罗奥图,加利福尼亚,1999,第15—16页。

遭到了强烈的抵制,尤其是社会民主党,他们认为政治性的戏剧会分散工会和党的重要职责的注意力,剧团应该努力追求"更高级的"文化形式,效仿成长主题的文艺作品(Bildungsgut),或资产阶级传统的文化遗产,试图规避艺术大众化的破坏性和随之而来的道德使命的丧失。社民党的文化主管公开宣称——他的措辞肯定会逗乐布莱希特——自己对字面意义为"肛门艺术"的后艺术(Afterkunst)的担心,因为这会"压扁工人们的脑子"。[1]直到1925年左右,魏玛共和国开始步入一个经济和政治相对稳定的阶段,具有政治煽动性的戏剧和其他具备了阶级意识的戏剧表演形式才在德国蓬勃发展起来。

正是在这种过渡和勃兴的氛围中,布莱希特试图推出《巴尔》——1919年初,他差一点就成功了。在巴伐利亚共和国(又称慕尼黑苏维埃共和国)短暂的存活期中,慕尼黑国家剧院新任命的领导层力图推行民主化,其中的一部分是向年轻艺术家发出号召,邀请他们参与新戏剧文学临时阶段的创建。布莱希特提交了《巴尔》。布莱希特的朋友明斯特回忆说,这位剧作家与国家剧院的新任"艺术总监"雅各布·盖斯(Jakob Geis)关系很好,在盖斯的运作

---

[1] 转引自汉斯-于尔根·格鲁尼(Hans-Jürgen Grune),《到你上场了,同志!政治宣传戏剧——一个无产阶级大众运动》(*Dein Auftritt, Genosse! Das Agitproptheater-eine proletarische Massenbewegung*),《谁拥有世界——魏玛共和国的艺术与社会》(*Wem Gehört die Welt-Kunst und Gesellschaft in der Weimarer Republik*),艺术新社(Neue Gesellschaft für Bildende Kunst)编,柏林,1977,第434页。

下,《巴尔》成功入围并进入制作流程。巴伐利亚共和国过早地夭折后,在市政机构和右派的压力下,剧院的新卫队逐渐解散,而新的主管卡尔·齐斯(Karl Zeiß)取消了对布莱希特的任何承诺。1920年6月16日布莱希特日记中写道:"齐斯不想做《巴尔》,据说是因为他害怕引起公愤……感觉冬天崩塌了一样。"[1] 这部戏直到1923年12月8日才在莱比锡上演,在那里,它不出预料地引发了公愤。

相反,《夜半鼓声》则是布莱希特第一部公开演出的作品,1922年9月29日在慕尼黑室内剧院(Münchener Kammerspiele)首演,好评如潮。这部戏创作于《巴尔》之后,原名《斯巴达克斯》,因为它见证了1919年1月所谓的斯巴达克斯起义及其结果。自1918年11月魏玛共和国宣布成立后,布莱希特和许多人一样,参与了当地的政治活动,并得以亲身经历了慕尼黑和其他地方苏维埃共和国的兴起、操纵和随后的暴力镇压。布莱希特在军医院工作时曾短暂地加入了当地的"工兵委员会",据相识的人回忆,在一些活动和集会曾见过布莱希特。无论是在那些场合还是作为委员会的一员,这位诗人都十分低调,坐在后排匆匆地记着笔记。年轻的共和国是一个动荡不安的混合体,由苏维埃委员会、自由选举的国民议会和强大的准军事组织组成。各个派别之间为德国的政治路线内讧,从而

---

[1] GBA, xxvi卷,第121页。

导致大罢工和斯巴达克斯起义。艾伯特政府的联合党派和新近成立的德国共产党（KPD）、工会和革命组织互相争夺阵地，占领报社，关闭工厂，爆发了激烈的街头战斗。为了重整法律和秩序，古斯塔夫·诺斯克（Gustav Noske）被艾伯特任命为部长，负责柏林及其周边地区的军事工作，他雇佣了臭名昭著的自由军团（Freikorps），一个由退伍士兵和雇佣兵组成、由大企业和工业界提供资金支持的右翼准军事组织。1月10日，自由军团进军柏林及周边地区，以暴力无情的手段杀害了数百名起义分子，并在连日公开鼓动公众对无序混乱的反感后，于1月15日暗杀了卡尔·李卜克内西（Karl Liebknecht）和罗莎·卢森堡（Rosa Luxemburg）。这些事件又在德国全境引发了激烈的动荡。

仅仅几天后，布莱希特就写出了《斯巴达克斯》的初稿。3月初，他将草稿交给利翁·福伊希特万格，后者与慕尼黑室内剧院保持着良好的关系，而且据布莱希特说，他认为这个剧本是"天才之作"。[1] 据说《夜半鼓声》题名的灵感来源于福伊希特万格的妻子玛莎。福伊希特万格自己回忆说，这是一首"迅速拼凑起来的民谣戏剧"，用一种"不时髦的、狂野的、强烈的、多彩的语言"讲述了一个归国士兵回家和参与革命的斗争。[2] 戏中主角是被认为已经

---

[1] 《1919年4月4日在奥格斯堡致宝拉·班霍尔泽的信》，GBA, xxviii卷，第77页。
[2] 转引自克诺普夫，《布莱希特手册》，i卷，第86—87页。

牺牲的炮兵克拉格勒，他回到柏林后发现自己的未婚妻安娜怀孕了，并与战争得利者穆尔克订婚。穆尔克计划通过与工业家的女儿安娜结婚，从而在资产阶级中稳固地建立自己的地位。安娜的父母拥有一家工厂，在战争期间生产弹药筐，现在生育问题成为了国家大事，于是他们又改为生产婴儿车。无论是经济还是婚姻，都快速地适应着时代的要求。破产、无家可归的克拉格勒出发加入革命。在酒吧和街头，他大声地试图劝说工人参加武装斗争，随后又带领人群冲击报社。但当安娜回到他身边时，克拉格勒放弃了一切政治信念。戏的结尾，当他的同志们在炮火中面临死亡之时，克拉格勒走开了，他说："是不是我的皮肤应该烂在阴沟里，这样你们的信念就可以飞升上天？你们醉了吗？"[1] 革命展现出与爱情一样的虚幻本质——克拉格勒出于纯粹的物质私欲回到了安娜身边："现在到床上来吧，又大、又白、又宽的床，来吧！"[2]

汉娜·阿伦特曾指出，对布莱希特来说，比战争更重要的是从其中诞生的世界，他记录了魏玛共和国时期延续的传统的三重崩溃：政治上，民族国家的衰落和崩溃；社会上，阶级社会向大众社会的转变；精神上，虚无主义的兴起。[3] 但是，正如他早期的作品所显示的那样，布莱希

---

[1] GBA, i 卷，第 228 页。
[2] 同上，第 229 页。
[3] 阿伦特，《黑暗时代的人们》，第 228 页。

特最感兴趣的是一连串有时连续、有时互相竞争的信仰结构是如何掩盖持续不断的压迫和剥削,以及文化作为公共领域建制的一部分如何为非社会的、自我中心的行为提供合理化的叙事。因此,他发现民族和国家没有被抛弃,而是正在经历一场转变,大众社会的阶级结构得到了确认,虚无主义被挪用纵容了资本主义乃至法西斯主义议程。就像他早期的许多诗歌作品一样,《夜半鼓声》既是不同人物之间以及他们周围世界间关联的当代写照,又是一部关于这种关联如何被历史情境和现有价值体系所调和的作品。这部戏展现了世界虽然由理想主义指导,但却由投机倒把和对物质与精神所有权的追求所驱动。

而不断发展着的历史进程使它变得越来越贴切:当《夜半鼓声》1922年9月29日首演时,魏玛共和国及其经济正走向一场真正的危机。1920年的卡普政变以及外交部长瓦尔特·拉特瑙(Walther Rathenau)被谋杀一案,深深地震动了这个脆弱的共和国,而《凡尔赛条约》中规定的巨额赔偿也给这个国家带来了沉重的经济和心理负担。政府将最大的经济和生存负担放到了中产阶级和工人的肩上。通货膨胀虽然缓慢但却很明显地在积累势能,富有的人极快速地变得更富,而1918到1919年劳工运动取得的成果,比如集体谈判和八小时工作制,则以为国家牺牲的名义遭到持续的攻击。希伯和拉夫克,或者说是阴谋家和强盗,统治着黑市,他们的幽灵折磨着那些为他们付出代价而受苦受难的人们越来越愤慨的灵魂。布莱希特的《夜半鼓声》触动了时代的神经，其中最流行的歌曲之一直白地描述了1922年一种普遍的态度和观点："我们要喝掉我们奶奶的小房子，她的小房子，我们要喝掉我们奶奶的小房子，还有第一次和第二次抵押！"[1]

这部戏在观众中的反响表明并非所有人都愿意直面时代的社会政治现实。在慕尼黑演出时的一位临时演员回忆道，布莱希特已经预期到了资产阶级观众的戏剧期待，于是在大厅里贴满了海报，上面写着："别太感情用事！"（Glotzt nicht so romantisch!）对布莱希特来说，首演取得了巨大的成功。卡尔·瓦伦丁坐在观众席上，著名作家赫伯特·伊赫林（Herbert Ihering）从柏林远道而来。伊赫林为《柏林证交报》撰写《夜半鼓声》的剧评时，格外强调了剧作家的社会现实主义：

> 布莱希特看到了人。但人总是处于对另一个人的影响中。他的任何一个人物都不是孤立的。长久以来，德国没有一个诗人在没有任何预设前提的情况下拥有悲剧的必要条件：命运相互纠缠，人与人互相影响……这位二十四岁的诗人贝托尔特·布莱希特一夜之间改变了德国诗歌的面貌。[2]

---

[1] 重印于汉斯·奥斯特瓦尔德（Hans Ostwald），《通货膨胀的道德史》（Sittengeschichte der Inflation），柏林，1931，第219页。
[2] 赫伯特·伊赫林，《评论》，《柏林证交报》1922年10月5日，重印于《批评中的布莱希特》，莫妮卡·怀斯（Monika Wyss）编，慕尼黑，1977，第5—6页。

但三个月后的12月20日,当这部戏在柏林的德意志剧院上演时,评论家和观众的反应却截然不同,他们期待着更多醉人的表演,因为他们已经习惯了德国首演剧院和莱因哈特的作品。著名评论家阿尔弗雷德·克尔(Alfred Kerr)早在几年前布莱希特送去《巴尔》之后就给予了否定意见("没有戏剧;是一团混乱的可能性"),他为《柏林日报》(Berliner Tageblatt)写了一篇长评论,该报和《法兰克福报》(Frankfurter Zeitung)一样,是当时最重要的自由派、资产阶级报纸之一。克尔认为《夜半鼓声》是一部"咋咋呼呼""尖声叫喊""大锅乱炖的垃圾"。[1] 克尔将他与表现主义剧作家恩斯特·托勒(Ernst Toller)进行了不友好的比较,他写道:"布莱希特显然认为,时代的反思可以通过毫无意义的大喊大叫、酗酒和混乱来捕捉。"[2] 克尔是马克斯·莱因哈特"魔法剧场"的拥趸,在根本上反对布莱希特通过戏剧形式和语言对戏剧进行祛魅的策略。这部戏的许多评论主要关注形式问题;很少有人讨论它内容上的政治维度,即它是一场精心策划的对建立在个人完整性和社会秩序层级状基础上的资产阶级现实的解构。亚历山大·阿布什(Alexander Abusch)是少数提到这部戏对观众预期的影响的人:

---

[1] 阿尔弗雷德·克尔,《评论》,《柏林日报》1922年12月21日,重印收录于怀斯《批评中的布莱希特》,第10—11页。
[2] 怀斯,《批评中的布莱希特》,第10页。

> 整个小布尔乔亚戏剧观众圈被布莱希特戏剧的内容弄得目瞪口呆。尤其是那些进步的德国男公民和女公民的大脑，在这场非比寻常的演出中都失灵了。[1]

这种宣传使布莱希特一夜成名。伊赫林推荐这位年轻的剧作家参加著名的年度克莱斯特-普雷斯（Kleist-Preis）奖，并为布莱希特造势，直到1922年12月他得获此荣。布莱希特正式地获得了他所想要冒犯的机构的认可和荣誉。

除了有意识地关注观众的文化习惯外，《夜半鼓声》另一个重要的方面是它对选民的关注。有意无意间，布莱希特描绘了第一次世界大战后，赢得士兵和工人参与革命的问题。克拉格勒没有方向的机会主义既表现了一种扭曲的生存主义，也在同等程度上说明了他对过去的承诺和未来的理想丧失了信仰。巴尔那种虚无主义的生命力已经被克拉格勒对可悲的物质主义的消极肯定所取代。胜利必然是小的和个人的；无论是新娘、社区还是国家，都不曾提供一个值得自我放弃的理由。克拉格勒既是吞噬他的社会政治秩序所造成的结果，同时也成为了它的威胁，他始终是一个矛盾的、不稳定的人物。罗莎·卢森堡在1918年11月为《红旗》（*Die Rote Fahne*）撰文，这样评价革命的幽灵：

---

[1] 亚历山大·阿布什，《评论》，《巴伐利亚工人报》（*Bayrische Arbeiterzeitung*）1922年12月23日，重印收录于怀斯《批评中的布莱希特》，第8页。

> 文明世界的反动国家不可能一夕之间就成为革命的人民国家。那些身为镇压起义的宪兵,昨天还在芬兰、俄国和乌克兰谋杀无产阶级革命分子,而那里的工人们则冷眼旁观,听任这一切的发生。他们也不可能一夕之间就变成社会主义的支持者,也没有清晰地认识到自己的目标。[1]

历史学家尤金·拉恩(Eugene Lunn)将"中欧无产阶级革命的失败(1918—1923年)以及此后法西斯主义的胜利"描述为"正统马克思主义的危机",这导致了西方马克思主义思潮的发展,相左于社会民主党和共产主义的教条,转而将文化作为"社会的历史辩证法的一个至关重要却被忽视了的部分,是一种理解现代资本主义稳定特征的更好的路径"。[2] 布莱希特早期的诗歌、散文、评论和戏剧将他置于这场斗争的中心,而他在整个魏玛共和国、第三帝国和德意志民主共和国的作品继续走在这条路上。作为一个艺术家,他常常被描述为从一个快乐的无政府主义者变为一个马克思主义的信仰者;他被指责为共产党路线的坚定支

---

[1] 罗莎·卢森堡,《开端》(*Der Anfang*),《红旗》1918年11月18日,重印收录于罗莎·卢森堡,《全集作品》(*Gesammelte Werke*),柏林,1974,iv卷,第397页。

[2] 尤金·拉恩,《马克思主义与现代主义:卢卡奇、布莱希特、本雅明、阿多诺的历史研究》(*Marxism and Modernism: A Historical Study of Lukács, Brecht, Benjamin, and Adorno*),伯克利和洛杉矶,加州福尼亚,1984,第5页。

持者。然而布莱希特自始至终坚持的东西只有他的批判性距离，他多疑的幽默和他务实的观察。他一直在对抗那种使人落入舒适的社会政治神话的本能，他的作品始终由矛盾和复杂所驱动，由此将他自己和他的观众置于一种想象与现实、中介与经验之间积极且可能发生的关系之中。

2 "更多的好运动":
布莱希特在柏林,1924—1928

大城市——机器和战场

1924年,布莱希特搬到柏林定居。他和他后来的妻子演员海伦·魏格尔住在一起,两人早先通过布莱希特的朋友、剧作家和导演阿诺特·布朗宁(Arnolt Bronnen)相识。在浪漫的诱惑和新近成功的推动下,布莱希特越来越频繁地前往德国大都市。《巴尔》和《夜半鼓声》使布莱希特成为克莱斯特奖得主,一位刚刚崭露头角的剧作家。基彭海尔出版社(Kiepenheuer Verlag)获许出版布莱希特1920年至1924年创作的所有剧本,包括《巴尔》,而布莱希特则保留了向其他出版社提供个别作品的权利。德意志剧院主动给布莱希特提供一个戏剧家的临时职位,他接受了这个邀请。

柏林的节奏与慕尼黑截然不同——交易、对话、态度都似乎更快、更刺激、更肤浅。柏林具身化了"黄金二十年代"的神话,虽然这座大城市本来就很诱人。巴伐利亚苏维埃共和国的结束和希特勒 1923 年失败的慕尼黑啤酒馆政变使慕尼黑成为德国最保守的城市之一,而柏林则是一个重新开始的地方。然而,这座城市令人眼花缭乱的城市化也带着一种原始的严酷。对布莱希特而言,在街道和酒吧穿梭的人群中,自我和主体性的丧失既是一种威胁,同时又是一种解放。城市经验是一个战场(Kampfplatz),与新事物斗争的战场。布莱希特对丑陋和非文学性的东西很着迷,他经常出入电影院和群众性的体育活动,如体育中心的六天自行车赛和阿弗斯汽车赛[1],还有妓女和皮条客聚居的酒吧。吸引布莱希特的是接触现代性时共情的缺乏,以及现代性的模糊性和在他身上引起的不安全感。他在日记中反思道:"我,一个来自奥格斯堡、具有观察和描绘世界的多种才能的人,是怎样来到这些市场、咖啡馆和游乐场的,是怎样身处这些人中间的?"[2]

在布莱希特 20 世纪 20 年代中期的事实主义(factographic)作品中,从戏剧《在城市丛林中》(*In the Jungle of the Cities*)和《人是人》(*Man Is Man*),以及诗集从《城市居民读本》(*From a Reader for City Dwellers*)到《三便士歌剧》(*The Threepenny Opera*),柏林成为了一

---

[1] 阿弗斯(Avus)是 Automobil-Verkehrs-und-Übungsstraße 的缩写,是一条位于德国柏林的公路,于 1921 年开放,是欧洲最古老的快速公路,用作赛车赛道。(译者注)
[2]《1925 年日记》,GBA,xxvi 卷,第 286 页。

个投射集体恐惧和欲望的场所。奥斯瓦尔德·斯宾格勒在他的《西方的没落》（*Der Untergang des Abendlandes*, 1923）一书中这样总结许多德国人的乡土焦虑：

> 没有世界，只有城市，远方的生命在这里聚集，而其他的生命在这里枯萎；不是真正的、土生土长的人，而是一种新的游牧民，寄生在城市屋檐下的居民，没有传统、没有形制地聚集在流动的人群中，彻底的务实，没有宗教信仰，聪明，没有功绩，深深地蔑视乡下人（尤其是乡下人的最高形式——乡绅），因此向着非人的、终结的方向迈出了畸形的一步。[1]

城市寄居者是那个时代流行的主角，在乔治·格罗兹的绘画作品集《看那个人》（*Ecce Homo*, 1923）中出现，并很快成为阿尔弗雷德·多布林（Alfred Döblin）的《柏林亚历山大广场》（*Berlin Alexanderplatz*, 1929）和埃里希·卡斯特纳（Erich Kästner）的《费边》（*Fabian*, 1931年）中的核心角色，呈现的与其说是对卫道的乡下人的解嘲，不如说是现代性的矛盾。

20世纪20年代中期魏玛共和国稳定的心理状态很大程度上来源于对战争失败带来的失望、幻觉破灭、被欺骗

---

[1] 奥斯瓦尔德·斯宾格勒，《西方的没落》，慕尼黑，1923，第44页。

的压抑。《凡尔赛条约》带来的屈辱和持续不断的令人窒息的赔款负担，必须从划分敌友的怀旧情结中获取补偿。由于许多党派之间的联盟不断变化，议会制度中左派和右派的界限已经模糊不清。保守派的言论集中抨击混乱、缺乏团结、机会主义——根据"背后一刀"的叙事（Dolchstoßlegende），即右翼认为内部的背叛是刺向德国背后致命的一刀——导致了德国军队的失败，并继续削弱着国家力量。对许多人来说，魏玛共和国是战争的延伸，而柏林则是它残缺躯干和破碎灵魂的家园。对其中的右派而言，这座城市是背叛和懦弱的警示，亟待纠正。对其中的左派来说，它则呈现了多元化和信念的局限，民族主义意识形态的失败，甚至可能是整个意识形态结构的失败，并预示着一个务实主义时代的来临。作家海因里希·曼（Heinrich Mann）视柏林为希望："德国的未来就是今天的柏林。谁想拥有希望，就应该到那里看看。"[1] 布莱希特在最初构思戏剧《在丛林中》时，也有过类似的精神状态。他当时的一篇日记写道：

> 我拥有这座城市，它是英雄般的风景。它是立场的相对性。它是那个人类在第三个千年兆始时走进了大城市的场景，它满足胃口（无论太大或太小），它是观众进行巨大的社会斗

---

[1] 转引自克里斯蒂安·格拉夫·冯·克罗科，《德国人的世纪，1890—1990》，莱恩贝克，1990，第151页。

争的实践。[1]

柏林缺乏历史悠久的贵族阶层,它的文化和知识机构及其建筑都体现了普鲁士统治者国际主义的品味。然而,那些认为这种传统的缺失就意味着欢迎实验的人仅仅是少数。柏林拥有无数的剧院、卡巴莱歌舞厅和电影院;它是音乐和文学、新闻和出版之都;但它的魅力很难说超出了城市的局限。在魏玛共和国十五年的时间里,只有卡斯特纳、埃里希·玛丽亚·雷马克(Erich Maria Remarque)和托马斯·曼三个畅销作者反映了他们的"魏玛视角";典型的德国读者大多只对英雄主义和坚毅内忍的故事(通常以战争为背景)以及探险和爱情小说感兴趣。

布莱希特将城市解读为丛林,因为从前可靠的新与旧、秩序与混乱、守旧与进步的二元对立的机制出现了偏差。新不是创新,而是对广泛的简单思维的拒绝。哲学家彼得·斯洛特迪克在20世纪末回望过去,将魏玛共和国描述为"一个开始普遍思考的时代,因为彼时,诡计和具备'简单性和重复性'的技巧和理论已经在各个层面上得到了发展"。[2] 艺术或其他的接触提供了多重的意义,而社会心理环境也将简单的东西复杂化了,或者反过来,将复杂的

---

[1]《1921年7月日记》,GBA,xxvi卷,第282—283页。
[2] 彼得·斯洛特迪克,《犬儒理性批判》(*Critique of Cynical Reason*),明尼阿波利斯,明尼苏达,1987。

东西简单化。对布莱希特来说,艺术的核心是经验和知识之间关系的斗争,而且说不准哪一方能赢:"我想通过《在丛林中》推进一步(席勒的)《强盗》(*Robbers*),并且证明由于语言的不足,战斗是不可能的。"[1] 为了理解人类未知之地,一种新的语言是必要的。重新调和关联性的艺术是社会创新而非仅仅科技创新的基础。

需要指出的是,布莱希特 20 年代中期的作品通常被视作,在接触了马克思和弗里茨·斯特恩伯格(Fritz Sternberg)的作品后,从无政府虚无主义转为秉持强烈的马克思主义信念。然而布莱希特的柏林实践与其说是一个(错误的)进步意识的问题,不如说是剧作家沉浸并细读了历史。他的作品和方法持续有效的部分原因,在于他强调艺术参与的历史特殊性,在于他将艺术理解为一种根据情境机动变化的批判性的实践,这种实践作为一种认知方式和一种改变以及调和现实的方式保持着活力。综观布莱希特的职业生涯,他始终如一地辩证处理他周遭的世界,微妙或有效的程度或高或低。尽管他自己的信念可以说是教条式的,但由于其自身逻辑,他对文化机制的不断反思和追问的方法绝不教条。

一到柏林,布莱希特就开始重写他三年前就动笔的剧本《在丛林中》,并重新命名为《在城市丛林中》。它讲述

---

[1] 《1921 年 7 月日记》,GBA,xxvi 卷,第 282 页。

了一个家庭在大城市里为生存而进行物质和精神层面上的斗争的故事。年轻的主人公加尔加、他的父母和妹妹被财富和机会所诱惑，但当一切都破灭时，即使是历史悠久的道德和家庭纽带也无法阻止他们的死亡。父亲沉湎酗酒，母亲和妹妹流落街头，加尔加受文学影响，梦想在南太平洋地区做一个伐木工人，却深深卷入了与资本主义木材商史林克的长期斗争。史林克宣称，资产阶级自由思想的理想是一个有意义且有序的社会存在的基础，但改变命运的可能性与自由市场却互不相容。理想与现实搏斗，这位木材商用共有的异化过程来拉拢关系。无论加尔加和他的家人如何坚定地坚持伦理和道德信念，他们都被引诱着在这场游戏中越陷越深，而只有彻底放弃身份才能保有自己的身份。和别人一样仅仅追逐自己的利益，所有人为的伪装和诸如对错、善恶的范畴的瓦解，既是一种解放，同时也是死刑。结局里没有英雄，道德和本能都没有赢，甚至连战斗也没有意义。

1952年回顾时，布莱希特写道："这部戏处理的是战斗的不可能性，这里视之为正面积极的东西，就像体育运动。"[1] 1927年柏林普若匹莱出版社（Propyläen Verlag）出版的单行本在导言中他进一步阐述了体育运动的比喻，将这部作品描述为"两个人之间莫名其妙的摔跤比赛"，并直

---

[1] 《1952年12月6日日记》，GBA，xxvii卷，第339页。

接对读者喊话："不要费心思考这场斗争的动机，而是……公正地评判双方的战斗形态，并将目光看向结果。"[1] 语言及其符号化、象征化和自然化经验的局限性，使《丛林》成为了一个混乱的空间，以至于大多数评论家对他们所看到的东西表示不解。约瑟夫·斯托金（Joseph Stolzing）为法西斯报刊《国家观察》（*Völkischer Beobachter*）撰写了1923年慕尼黑首演的剧评："我不能给（这部戏）做一个总结，因为我一点儿也不明白舞台上发生了什么事情。"[2] 令人啼笑皆非的是，斯托金抨击剧中的"意第绪语"俚语和不连贯，而且进一步暗示参与演出的"犹太社区"喜欢混乱而非清晰。[3] 布莱希特执着于寻找一种方式来充分表现现代都市人的经验，以及充分理解它的不可能性，从而寻求超越和发展的可能性。

在此期间，厄普顿·辛克莱尔（Upton Sinclair）、鲁德亚德·吉卜林（Rudyard Kipling）和席勒成为布莱希特重要的试金石。读完吉卜林的作品后，布莱希特在笔记中写道：

> 思考着吉卜林为那些属于"文明"了世界的国家所写的东西，我有了一个划时代的发现，那就是事实上还没有人曾把大

---

[1] GBA, i 卷，第 438 页。
[2] 约瑟夫·斯托金，《评论》，《国家观察》（*Völkischer Beobachter*）慕尼黑版，1923年5月5日，重印收录于《批评中的布莱希特》，莫妮卡·怀斯编，慕尼黑，1977，第 19 页。
[3] 怀斯，《批评中的布莱希特》，第 19—20 页。

2 "更多的好运动"：布莱希特在柏林，1924—1928　071

城市描述成丛林。它的英雄，它的殖民者，它的受害者在哪里？大城市的敌意，它那邪恶的石头般的一成不变，它那巴比伦式的混乱语言；简而言之：大城市的诗歌尚未诞生。[1]

但布莱希特知道辛克莱尔的小说《丛林》（写于 1906 年，同年在德国出版），他评价这部小说可以与席勒的《唐·卡洛斯》（*Don Carlos*，1787）比肩的当代作品，他讨论书中主人公为自由和信念、任何信念的斗争时这样写道：

> 天知道，我一直有多么喜欢《唐·卡洛斯》。但这些天我在读辛克莱尔的《丛林》，一个工人在芝加哥屠宰场饿死的故事。纯粹的饥饿、寒冷、疾病，让一个男人就此倒下……这个人曾经对自由抱有小小的憧憬，然后被一棒子打倒。我知道他的自由与卡洛斯的自由没有丝毫关系：但我真的不能再严肃看待卡洛斯的奴役了。[2]

这两部作品的共同点是无法跨越自由的美学形象（正如布莱希特观察到的："对于席勒而言，自由永远只存在于需求。"），在他对《唐·卡洛斯》演出的评论中他继续写道："一个人想说人话（但没有真的做到，部分原因是做不

---

[1]《1921 年 9 月日记》，GBA，xxvi 卷，第 236 页。
[2]《唐·卡洛斯》，《大众意志报》1920 年 4 月 15 日，重印收录于 GBA，xxi 卷，第 59 页。

到）。"[1] 的确，在《丛林》中，说话的语词和说话这一行为本身，正如城市那样冷漠、遥远、独白着。布莱希特运用这种直白的方法，是为了找到一种语言现实主义，一种与它所表达和产生的现实相对应的真实的形式。

作者和他的同代人一样，迷恋着神话化的美国——一个因其野性而更加真实的地方。在道威斯计划和杨格计划下[2]，美国对德国经济复苏的投资进一步使美国成为了进步、繁荣和自信同时又是商业主义、剥削和野蛮无情之土。美国狂野西部的历史和凶残竞争的当下，对德意志民族的缺陷感、狭隘而牧歌式的小布尔乔亚精神（Kleinbürgerlichkeit）、对旧时代和旧方法绝望而防备的怀旧情绪，都是一剂解药。"拜美教"包括爵士乐和拳击、美式俚语和服饰、犯罪和黑帮故事；德国艺术家和知识分子抽弗吉尼亚香烟，喝威士忌，甚至改变自己的名字［贝托尔特（Bertolt）变成了伯特（Bert），乔治（Georg）·格罗兹变成了美式的乔治（George）·格罗兹，赫尔穆特·赫兹费尔德（Helmut Herzfelde）早年为了抗议战争将自己的名字改为约翰·赫特菲尔德（John Heartfield）］。

在信件和日记中，因为柏林典型的城市化和社会经济上的理性主义特征，布莱希特将柏林比作"冰冷的芝加

---

[1] GBA, xxi 卷，第 59—60 页。
[2] 道威斯计划和杨格计划是美国 1924 和 1930 年推出的两项帮助德国减轻《凡尔赛条约》的赔偿压力并助其恢复经济的计划。（译者注）

哥"。[1] 用芝加哥来谈论柏林创造了批判性的距离——美国神话用于德国当下的去神话化，一个异乡的本地是运用寓言手段理解认知机制的舞台，而不是仅仅描述当下的直白的自然主义。布莱希特从观察美国生活得到的事实感，是证明物质现实和意识形态现实之间的建构关系的一种方式。英雄式的城市风景是不自然的，因而也是稍纵即逝的。关于现代性的长久性，它的现实和历史的实质，布莱希特在1925年7月的一篇日记写道："但经过思考，我认为它们（钢筋水泥建筑）一般而言比一些农民的小屋更稍纵即逝。"[2] 布莱希特的城市受制于历史变迁，他格外避免将其拟人化。城市环境是研究人类行为的一个场所。

《在城市丛林中》的情节有时显得混乱，但其中所描述的事件既不荒诞，也不难理解——作者只是拒绝遵守戏剧惯例，拒绝为行为提供合理的解释。传统的预期、理智与情感，正如家庭、婚姻、书本上的语言，这些加尔加骄傲、幻想、理性的来源与堡垒逐步被削弱，在与史林克的斗争中，几乎没有或者压根没有任何实用价值。在图书馆里以引用攻击史林克，加尔加效仿兰波[3]说道："他本质上是从

---

[1] 转引自帕蒂·李·帕玛利（Patty Lee Parmalee），《布莱希特的美国》（*Brecht's America*），迈阿密，佛罗里达，1981年，第13页。
[2] 《1921年7月日记》，GBA，xxvi卷，第283页。
[3] 兰波（1854—1891），法国著名诗人，尽管创作时间仅仅6年，在20岁时就搁笔，但他对现代文学艺术有着不可估量的影响，也被认为是超现实主义的鼻祖。（译者注）

法国人到美国人的德国翻译。"[1] 他紧握文学不放，试图以此抵御史林克的直白和毫不讳言的真话。对布莱希特来说，兰波式的加尔加是对关注真实性的资产阶级小说的对抗。[2] 他的语言是片段式的，其来源与呈现都是确定的，而非引用的："我将字词像烈酒一样混合在一起。"[3] 布莱希特通过清晰阐述语言的历史、当下、空间，以及说与听的功能，实现了语言的政治化。

1925年布莱希特写道，大多数文学作品都源于"缺乏对家庭的、日常的思考（den Hausegebrauch）……我们只能通过事件来获得一些可悲的思想。编造这些事件比没有这些事件就把它们装进脑子里要容易得多"。[4] 布莱希特在20世纪20年代中期开始了功利主义文学的项目，专注于实际发生的事件，其中包括前面提到的《虔诚指南》以及诗集《城市居民读本》（以下简称《读本》，编者注）和由乔治·格罗兹绘制插图的《三个士兵：一本儿童读物》（*The Three Soldiers: A Children's Book*）。这些诗集中的许多诗在20年代已经单独发表过，《虔诚指南》里的很多作品在20世纪前十年也已发表过。但把它们编纂成书并以书

---

[1] GBA，i 卷，第587页。
[2] 关于兰波和资产阶级小说的批判，参看克里斯汀·罗斯（Kristin Ross），《兰波与对抗工作》（*Rimbaud and the Resistance to Work*），《再现》（*Representations*）1987年夏季刊，第62—86页。
[3] 《回顾我的早期剧作》（*Looking through My First Plays*, 1953），GBA，xxiii 卷，第244页。
[4] 《1925年日记》，GBA，xxvi 卷，第285页。

的形式传播是一种战略举措。"虔诚指南""读本"和"儿童读物"都是受欢迎的教育和灌输文化的形式;挪用人们熟悉的形式,布莱希特把指南手册变成了学习工具。翻开《虔诚指南》(首次出版于1927年),我们会发现一长串关于如何以及何时阅读书中不同章节的说明。有些是"智力(geistige)训练",潜在地提供一些"对生活的洞见"。[1] 还有一些则在抽着烟时或者在乐器的陪伴下提供参考,在"残酷的自然灾害(暴雨、暴雪、破产等)"中,为远在世界各个角落的勇猛的男人和女人的冒险经历,提供了行动的暗示。[2]《三个士兵》(1932年收录于《实验》丛书出版)是一个关于现代战争中有争议性的人物、可疑的动机和暴行的黑暗故事,书本扉页上简要地说明这本书是读给孩子听的,目的在于给他们机会提问。《读本》中的诗歌则是更广泛的魏玛现象的一部分;其他几位作家,包括库尔特·图霍尔斯基、瓦尔特·梅林(Walter Mehring)和约翰内斯·贝歇尔(Johannes Becher),都批判性地看待这座城市和它的居民。从某种意义上说,《读本》是《丛林》的延伸,只不过更直接地呼吁观众参与形象和思想的生产。布莱希特的批评家支持者伊赫林观察到了这一转变,1927年4月在《柏林证交报》上撰文,将不久前改写并重新上演

---

[1] Geistig 是出了名的难译,但一般可被理解为"智识的""精神的"。GBA, xi 卷,第39页。
[2] 同上。

的剧本版本与诗歌的革命性联系起来。他写道：

> 布莱希特不是一个高尚的革命者。他争论，但既不支持什么，也不反对什么。他既不赞美技术，也不舍弃时代的机械化。对他来说，这是不言而喻的。他生活在其中。对他来说，这是基础，是物质，是生产的材料。一种变革已经发生了。他是一个革命者，因为他生活在一个已经改变了的世界中。[1]

与许多其他城市作家不同，相比对城市本身的兴趣，布莱希特对城市居民的态度和行为更感兴趣。任何形式的城市氛围、装饰或环境都被忽略了，布莱希特转向了瓦尔特·本雅明在谈到他当时的诗歌时用的词——"贫乏"（Armseligkeit）：对城市浪漫主义缺乏同情，但对经济、社会和心理上的赤贫却非常敏感。[2] 城市要求并促成了一种技术性的、冷酷的、机械的写作形式，审视并超越传统。

在十几页的篇幅里，《读本》提供了许多观察角度来看失去的机会和被夺走的机会、相遇的人和被抛下的人、被

---

[1] 赫伯特·伊赫林，《布莱希特的三本书》（*Drei Brecht-Bücher*），《柏林证交报》1927年4月30日，重印收录于《从莱因哈特到布莱希特》（*Von Reinhardt bis Brecht*），罗尔夫·巴登豪森（Rolf Badenhausen）编，莱恩贝克，1967，第248页。

[2] 瓦尔特·本雅明，《文集》，ii/2卷，罗尔夫·迪德曼（Rolf Tiedemann）编，法兰克福，1991，第667页；557—560页。

辜负的期待和被背叛的观点。布莱希特给出建议，然后又将它收回：

> 和你的同志在车站告别
>
> 清晨走进城市，你扣紧外套
>
> 找个地方待着，当你的同志敲门：
>
> 开，噢，别开门。
>
> 而不是
>
> 掩盖你的行踪！
>
> ……
>
> 尽情吃那儿的肉！别省！
>
> 下雨时走进每一所房子，坐在每一张椅子上
>
> 但是别停留！别忘了你的帽子！
>
> 我告诉你：
>
> 掩盖你的行踪！
>
> ……
>
> （别人就是这么告诉我的。）[1]

《读本》在语言和隐喻方面是"贫乏"的，但它却提供了丰富的内容，确认了说与想、读与写是让城市现实卸下重担的一种形式，让它释放出来，而非费劲地试图让日常与神

---

1 GBA, xi卷, 第157页。

话叙事相匹配。这恰恰证明了对布莱希特而言，城市是一种社会物质：城市提供了异质经验的相遇，尽管需要通过艺术作为中介，但它们的差异、力量、竞争却仍保持着赤裸与开放。于是，新的可能性出现了，展现不同的观念，创造不同的现实，这源于阅读城市的过程而非其结果。

公共的身体，身体的政治

在20世纪20年代中期，德国的自我形象经历了一系列生理、心理和社会的变革。柏林街头出现了战争伤残者，与此同时也出现了对运动和健美的狂热。城市人群、传统家庭结构的式微和文化产品的大量生产，以及"新女性"现象都挑战了传统对个体的定义。对许多人来说，新的社会形态代表着进步和现代性，但这种狂喜也令人恐惧，共和国变成了一个各种各样的无法避免的进步互相竞争的舞台。技术和经济超越了对需求的满足，朝向欲望的生产，创造了消费者和阶级、生产者和旁观者的巨型主体。在著名的德国政治家瓦尔特·拉特瑙看来，进步和倒退是密切相关的现象，前者本身并不导致解放，而是导致依赖，一种生活方式的机械化。[1] 而其他人，如社会科学家弗里德

---

1 瓦尔特·拉特瑙，《全集》（*Gesamtausgabe*），ii卷，恩斯特·舒林（Ernst Schulin）编，慕尼黑，1977，第69页。

里希·冯·戈特尔·奥特利安费尔德（Friedrich von Gottl-Ottlilienfeld），则尊称亨利·福特（Henry Ford）为"技术理性的大师"。[1] 福特的《我的生活与工作》一书在德国成为了畅销书，被誉为启蒙思想的典范：福特没有牺牲工人的利益来实现经济和社会的增长，而是提出了资本主义下生活的去封建化，劳动力及其产品的有组织供应确保平等参与社会的进步和繁荣。同时，达达主义者在其立场上则谴责了资产阶级个人主义的神话，赞颂了更加平等的生产技术，就像在俄国的革命讲习所中练习的那样："塔特林[2]机器艺术万岁！"

但是，人们对新形式的集体主义感到不安，并不仅仅因为怀疑现代性是否会兑现其承诺且有所回报。在许多方面，战后的进步是现代战争机器的一种延伸，也是男性威权及其父权制社会秩序的残害的延续。庞大的军事机器及它带来的机械化破坏，使第一次世界大战成为了前所未有的非人化现象。坦克和武器的钢筋铁骨，将士兵们连接起来，与战争机体连接在一起的装备，变成了人造假肢、植入金属板、轮椅。这种拼接而成的人类存在的现实，有力

---

[1] 弗里德里希·冯·戈特尔·奥特利安费尔德，《福特主义》（*Fordism*, 1926），重印收录于《魏玛共和国资料集》（*The Weimar Republic Sourcebook*），安东·凯斯（Anton Kaes）、马丁·杰（Martin Jay）、爱德华·迪蒙博格（Edward Dimendberg）编，伯克利，加利福尼亚，第401页。
[2] 弗拉基米尔·塔特林（Vladimir Tatlin, 1885—1953），苏联画家、建筑师，构成主义运动的主要发起者，其作品《第三国际纪念碑（又名塔特林的塔）》最为著名。（译者注）

地反驳了资产阶级个人主义所主张的精神肉体的整一性，正如新女性（die neue Frau）的身体、情色和社会性的雌雄同体，肯定了主体在新的大生产和大消费文化中作为功能主义的部件所具有的潜在的、在某种程度上已然成真的可替换性。汉斯·奥斯特瓦尔德在他的《通货膨胀的道德史》中写道：

> 一切似乎都反过来了……其中最重要的是女性在许多方面完完全全地变了。她们更明确地提出了自己的要求，尤其是性要求……如果说在战争期间，女性被迫接手了许多男性的工作，那么在战争结束后，她们不允许自己被完全推回家庭。[1]

在这种语境中，布莱希特的戏剧《人是人》因之对不同形式的魏玛集体性的反思脱颖而出。回顾 1930 年，布莱希特在《辩证的戏剧》（*The Dialectic Dramaturgy*）一文中这样描述魏玛共和国时期，社会元素及其整体性之间的关联：

> 战争显示了个体在未来被分配的角色。个体仅仅在作为集体的代表时才能够实现有效的参与。但这种对于伟大的经

---

[1] 汉斯·奥斯特瓦尔德，《通货膨胀的道德史》，重印收录于《魏玛共和国资料集》，凯斯、杰、迪蒙博格编，第 77 页。

济政治进程的参与局限于对多数人的剥削。[1]

这一观察揭示了议会民主制此时的意识形态功能,因为政治参与的实验有效地服务并赋权于私人利益,尤其是工业利益,并以公共利益之名系统化剥夺工人的权利和社会保障。国家竭尽全力地传播各种象征符号,举行团结仪式,以掩盖议会众多派别之间的对立和来自巨大的经济议程的冲突压力。像拉特瑙和艾伯特的国葬,以及1930年法国莱茵兰占领区回归后的庆祝活动,都迎合了怀旧的民族主义渴望。布莱希特的声明也表明,他认为战后去个人主义进程成为了无法避免的事实,而一种批判性艺术和戏剧必须介入其中。一种辩证的戏剧法不会导向一种保守的资产阶级艺术,去肯定一种中心化的、个体性的主体神话(正如他指责托马斯·曼等人的做法那样),而是致力于增强革命主体的力量,以期塑造一种必然降临的社会关联性的结构和特质。

布莱希特的日记和笔记显示,在战争的余波中,慕尼黑时期的他开始发展关于个体的可替代性想法。[2] 1920年,他写了一首诗《这是公民加尔盖》(*This Was the Citizen*

---

[1] GBA, xxi, 第436页。
[2] 参看如《1919—1920布莱希特自传笔记和日记》,GBA, xxvi卷, 第113—172页。

Galgei)："公民加尔盖可能/也是另一个人。"[1] 接下来的几年中，布莱希特把加尔盖及在外界压力下他的性格转变发展为一个剧本，这得到了伊丽莎白·霍普特曼（Elisabeth Hauptmann，在他搬到柏林后成为他最紧密的合作者之一，也是他的情人）以及卡斯帕·奈尔、作家埃米尔·伯里（Emil Burri）和导演伯恩哈德·赖希（Bernhard Reich）等朋友的帮助。在吉卜林和多布林的全程参与下，包括挪用了他们作品中的一些主题和叙事框架，1926 年《人是人》在达姆施塔特首演。此时，我们的剧作家和负责舞台布景的奈尔，第一次采用了后来成为史诗戏剧（Epic Theater）的原型元素：拉起一半的幕布，让观众从字面意义上和隐喻意义上了解舞台的运作。这部戏讲述了三个失去了第四位战友的殖民地士兵把好骗的盖伊当作一个完美的冒牌战友的故事。经过一个假处决的仪式，盖伊旧的自我得以被清除，并在四个人组成的军事团体中开始了他的新角色。在剧的中段，其中一位主角站在剧作家的肖像旁，直接向观众说话："贝托尔特·布莱希特先生宣称人是人……现在，今晚，一个人类就像一辆车那样被组装起来，整个过程没有丢失任何东西。"[2]《人是人》得到的反馈多为对其内容的疑惑和不解，但其"技术"选择，比如奈尔拉起一

---

[1] GBA，xiii 卷，第 157 页。
[2] GBA，ii 卷，第 123 页。

半的幕布和用"俄式构造主义的脚手架（Gestänge）"对舞台幻想空间的消解，根据评论家伯纳德·迪博尔德（Bernhard Diebold）的说法，则引发了观众极大的热情。迪博尔德进一步将布莱希特的做法与布尔什维克的"统一形式"联系起来，尽管他也说剧作家并不愿意用一个程式化的名字称呼他的集体主义。[1] 事实上，布莱希特尽力将他的做法向安全的方向引导。当 1927 年这部作品以广播剧的形式播出时，导言中首次将盖伊的重组（Ummontierung）描述为一种积极的行为：

> 这个加里·盖伊根本不是一个弱者，恰恰相反，他是最强的。但他只有在不再是个体的人之后才成为最强者；只有作为大众的一部分，他才会变得强大。[2]

20 世纪 30 年代初，随着法西斯主义的兴起，布莱希特又修改了这部戏，以强调并非所有的物化人类的形式都是积极的，正如他后来所写的那样，有一些"虚假的、坏的集体"在剥削"真正的工人社会集体"。这种见解当然从一开始就是作品的重要组成部分；布莱希特希望通过戏剧的形式让观众思考，哪种类型的集体身份最有利于它的组成者：

---

[1] 伯纳德·迪博尔德，《评论》，《法兰克福报》1926 年 9 月 27 日，重印收录于怀斯，《批评中的布莱希特》，第 56 页。
[2] GBA, xxiv 卷，第 41 页。

"在一个好的陌生化（verfremdeten）的呈现中，它逐渐变为罪行的过程当然是显而易见的。"[1]

1927年，布莱希特结识了社会学家弗里茨·斯特恩伯格，他和卡尔·克劳斯（Karl Kraus）一起，对布莱希特一直以来坚持的批判性分析及其艺术是一种社会实践的观点提供了关键的确证。斯特恩伯格1926年出版的著作《帝国主义》（*Der Imperialismus*）一书中，有一部分讨论艺术家在一场成功的社会主义革命中所起到的核心作用：无产阶级意识的表达者。对斯特恩伯格来说，正如对布莱希特，一种新的世界观是将已经存在的社会关系现实转化为意识的问题。这就是为什么斯特恩伯格把传统戏剧的衰落说成是历史的必然，并提到已经"生活在马克思主义时代"。[2] 这也解释了布莱希特对特定的真实性的迷恋，也就是他在拳击比赛那种瞬间的直截了当中、在警察记录事件所用的程序化语言中，甚至在作为商业化爱情解药的平庸而肉体性的性爱中所找到的那种真实性。在《读本》中，我们可以找到这样的句子："我对你说话仅仅/像现实本身一样。"[3] 这种社会关系的现实是《人是人》的核心，正如他的主旨"人是非人"（Einer ist keiner）那样。[4] 只有在对照

---

[1]《回顾我的早期剧作》，GBA，xxiii卷，第245页。
[2] 弗里茨·斯特恩伯格，《帝国主义》（*Der Imperialismus*），柏林，1926，第513页。
[3] GBA，xi卷，第165页。
[4] GBA，ii卷，第117页。

着集体以及个体在集体中的位置，个体才能理解并决定自己的行为。在拼装人类的过程中，被破坏的既是个人主义的消费品也是其消费者。《人是人》是一个喜剧（Lustspiel），是一个寓言，为了用一种积极的展示替代现实主义的自然主义形式；它需要演员和观众的合作，或者说他们的集体劳动。

对布莱希特来说，人的身体既是个人的，也是社会的，是主体经验和社会知识之间谈判的场所，或者用社会学理论家奥斯卡·内格特和亚历山大·克卢格（Alexander Kluge）所描述的那样，是社会对抗的战场。[1] 如果说身体在从事生产的同时也被生产着，在世界中穿行、探索，同时也被周围环境所引导、刻写着，那么经验活动就是一个所有权的问题，一个关于谁有权力和权利来使用这一历史和幻想的工具的问题。回到布莱希特作为诗人和剧作家的职业，这不仅是给艺术家赋权以生产和传播，而且也是赋权给演员、观众、读者。因此，所谓解放，就是历史学家莱斯利·阿德尔森（Leslie Adelson）所说的"来源于社会过程而非社会约束的自由时刻"。[2]

---

[1] 奥斯卡·内格特、亚历山大·克卢格，《历史和固执》（*Geschichte und Eigensinn*），法兰克福，1993。
[2] 莱斯利·阿德尔森，《当代批评意识：彼得·斯洛特迪克、奥斯卡·内格特/亚历山大·克卢格，与"新主体性"》（*Contemporary Critical Consciousness: Peter Sloterdijk, Oskar Negt/Alexander Kluge, and the "New Subjectivity"*），《德国研究评论》（*German Studies Review*），1987年2月 x/1卷，第64页。

这种解放的概念在布莱希特看待女性的问题上尤其富有说服力，因为这与他"一具躯体并非人"的观察相关联。在《通货膨胀的道德史》一书中，奥斯特瓦尔德指出，"新女性"的主张在很大程度上是身体的、性的：

> 她们以各种可以想到的方式强调了对生命权和全域经验的要求。情色丑闻更强烈地被曝光。她们中的一些人成为了时代象征。裸体主义不再只局限于特定的圈子，也不再只局限于时俗剧和卡巴莱歌舞表演。它渗透到整个社会的时尚中：漂亮的腿被发现并被欣然展示。[1]

布莱希特在生活中和女性——她们作为妻子、情人和同事的角色——的关系，是有争议的。在搬到柏林的几个月内，布莱希特就要求魏格尔为她自己和他们的儿子斯特凡（1924年11月出生）另找一套公寓，以便他可以自由地追求自己的目标，包括创作和情欲。尽管他宣称自己有滥交的权利，却没有给予他的伴侣这样的自由，布莱希特的各段私情和几乎随意的父亲身份也让许多评论家感到不安。在专业层面上，一些学者指出，布莱希特的作品在一定程度上实际上出自他的女性合作者的劳动，包括魏格尔、霍普特曼以及后来的玛格丽特·斯蒂芬（Margarete Steffin）；

---

[1] 奥斯特瓦尔德，《通货膨胀的道德史》，第77页。

批评者指责布莱希特推行的集体创作观念实际上建立在机会主义、机械化和剥削的基础上。[1]

至于他的戏剧和诗歌中的女性角色,许多研究布莱希特的专家都指出,整体而言,他的作品无法将女性和男性一样看作仅仅是革命机器中的非人化的齿轮。不过,萨拉·伦诺克斯(Sara Lennox)认为,尽管布莱希特"对人际关系的工具性有清晰的认知",但在某些时候,剧作呈现了另一种行为模式,即基于非理性的、情感的、私人动力的"真理","尽管并不符合(布莱希特的)意图和兴趣"。[2] 这种对身体和主体性的矛盾和较量,实际上构成了布莱希特当时作品的基础和方法。在《人是人》中,寡妇贝格比克是唯一一个能够适应环境并改造环境的主人公。作为一个寡妇,贝格比克是自己命运的主宰。她是剧中大部分情节展开的场所——餐厅的老板娘,在这里她提供食物给包括盖伊和她自己在内的一些人。她有意识地利用女性的陈词滥调,从而强化了这出戏关于产品与生产的深层主题:消费主义的集体承诺了一种获得现代生活与身

---

[1] 参看约翰·菲吉(John Fuegi),《布莱希特与公司:性、政治与现代戏剧的制作》(*Brecht & Co.: Sex, Politics, and the Making of the Modern Drama*),纽约,1994;可比较萨比娜·科比尔(Sabine Kebir),《我没有要求我的份额:伊丽莎白·霍普特曼与贝托尔特·布莱希特的合作》(*Ich fragte nicht nach meinem Anteil: Elisabeth Hauptmanns Arbeit mit Bertolt Brecht*),柏林,1997,及萨比娜·科比尔,《荣光渐逝:海伦·魏格尔传》(*Abstieg in den Ruhm: Helene Weigel-Eine Biographie*),柏林,2000。
[2] 萨拉·伦诺克斯,《布莱希特作品中的女人》(*Women in Brecht's Works*),《新德国批评14》(*New German Critique, 14*)1978年春,第95—96页。

份的平等权利,通过其随处可见的预制的商品、材料、情感和智性等等,然而唯有后者——生产作为一种所有权的行动——提供了参与塑造自我和社会的过程。根据历史学家安吉丽卡·弗里希(Angelika Führich)的说法,贝格比克是一个"控制自己的性征而非沦为其牺牲品"的女性。[1]

这种对作为产品和生产的性征的控制,在布莱希特当时尚未出版的诗集《奥格斯堡十四行诗》(*Augsburg Sonnets*)中再次得以阐述,这些诗歌写于 1925 年至 1927 年,那时他曾去奥格斯堡访问,后来待在柏林。这些诗反映了意大利十四行诗的传统(尽管并非所有都符合古典意义上的十四行诗标准),用诗意的形式呈现了庸俗、流行的语言和色情的主题。性要远比爱更能描述现代情感;渴望和欲望的稍纵即逝已经被转化为商品,而商品神话的力量被其物质性的诡计不断侵蚀。性在另一方面,尤其是可以买卖的性,以最不加掩饰的赤裸形式成为欲望的对象。《奥格斯堡十四行诗》将妓女描写成从婚姻的依附关系中解放出来的女性,亵渎男女关系中的神圣感,将之变为劳动和交换的关系,从而成为一个争夺所有权的场所。在《一个年长妓女给一个年轻妓女的建议》(*Advice from an Older Whore to a Younger One*)一诗中,年长妓女给出的指导是

---

[1] 安吉丽卡·弗里希,《魏玛共和国戏剧中的女性突破》(*Aufbrüche des Weiblichen im Drama der Weimarer Republik*),海德堡,1992,第 26 页。

实事求是且精打细算的：妓女（Fohse）——在德语中这个词既是"妓女"的意思，也是"阴道"的意思，即既是性的供应者，又是性的对象——掌握自己的行动。作为一个主体，她是内格特和克卢格所说的"一串属性"，而非一个连贯的、固定的自我身份。妓女既是"人"，其女性情欲中又是策略性的、真实的，然而又能适应顾客的需求，不带情绪地做爱，但又不是"机械的"。这样，妓女成为了一个身份争夺的场所，主体性的可能性存在于她的行为和态度中。身体被过滤、加工，欲求、自我身份不再是一个诸如希望、情绪这样个体的问题。

1930年，布莱希特参与了一本出版物的工作，反对1926年德国《民法典》中增加的臭名昭著的"第218条"，即规定堕胎为犯罪，堕胎者可被判处监禁。布莱希特的《关于第218条》（*About §218*）与其说是关心女性权益，不如说是关心整体意义上终止生命的权利。诗中指责国家想垄断生命决定权，正如在"成年人、适合工作的人"间已经施行的那样。除了有意无意地暗指战争时期的"适合服役的人"这一概念，即德意志第二帝国以服务于公共的善为借口将成千上万不适合服役的士兵送上了必死之路以外，布莱希特还暗示国家推行的集体性并不是为了提高社会生产力，而是为了私人的经济利益。这首诗指出，堕胎不是一个私人问题或经济问题而是一个社会问题，国家以保卫者的形象出现更让它成为了一种事实上的公共行为；

是否抚养孩子的选择不是一个法律或原则问题，而取决于分配给个人决策并掌控自己作为一个社会生产成员的主体性与能力的权力。

布莱希特对集体性和身体的兴趣进一步体现在他对体育的热情上，因为体育既是一种事实的、无意义的戏剧形式，同时又有极大的观众参与度。布莱希特和他的同事们厌倦了戏剧表演的被动、安静的消费方式，从挤满当地拳击馆和赛马场的热情观众中发现了一种新的观看模式。只不过不是任何人群都能做到。写于 1929 年但未发表的文章《年轻的舞台——社会革命者》（*Young Stage-Social Revolutionaries*）中，布莱希特为那些戏剧观众甚至是在所谓的更先进的剧院里的观众哀叹：

> 这整个赶时髦的、无助的、智力懒惰的人群，他们在某种奇怪的、完全不正常的，希望得到教育的动机以及一种相对而言没那么奇怪的对八卦的动机推动下来到这里，他们属于一个正在消亡的阶级，永远无法从我们的作品中获得任何东西。[1]

布莱希特觉得"新的戏剧所要求的"新的观众，并不需要被创造出来："他存在着，尽管到目前为止还没有出现在剧

---

1 GBA, xxi 卷，第 287 页。

院里。"[1]

魏玛公共知识分子围绕着体育、健身和健康展开了一场广为人知的论争，因为体育不再仅仅被视为下层阶级的娱乐活动，而是作为一种进步的大众娱乐形式被重新接受。与资产阶级理想中的理性公众相比，体育赛事的观众向来被贬低为"成群结队、喜怒无常的暴徒，他们似乎没有独立思想，易被激怒，且怒火难以平息"。[2] 但随着寓言化的体育成为一种重要的意识形态工具，不同的观点出现了。作家赫尔曼·卡萨克（Hermann Kasack）在体育中观察到了集体狂喜中对个体自我的整体颠覆，而赫尔曼·巴尔（Hermann Bahr）在《精神与体育》（*Geist und Sport*，1928）中则强调了体育观赏性的重要性，认为体育是对高雅文化的否定，转而选择了更客观、更清醒、更"真实"的标准来参与文化。但是，当许多先锋艺术家和作家热情拥抱体育竞赛的生产性和接受性，并被其直接易懂的语言和不加修饰的吸引力所陶醉时，著名批评家和社会学家齐格弗里德·科拉考尔（Siegfried Kracauer）却发出了一个坚定的反对声音。在他1927年的文章《他们在运动》（*Sie sporten*）中，科拉考尔首先表达了他对体育作为一种文化替代物的

---

[1]《对新上瘾》（*The Addiction for the New*，1926），GBA，xxi 卷，第 183 页。
[2] 西奥多·F. 里皮（Theodore F. Rippey），《魏玛媒体中的运动、美学与政治》（*Athletics, Aesthetics, and Politics in the Weimar Press*），《德国研究评论》，2005年2月，卷 xxviii/1，第 85 页。

忧虑，观众被卷入了"仿制胜利"的奇观中，体育斗争缺乏内在的意义，脱离了历史时空，因此没有政治影响。[1] 对运动的狂热消费耗尽了民众潜在的破坏性能量。在文集《领薪人》(*Die Angestellten*, 1930) 中，科拉考尔批评了体育在生产闲暇中的必要角色，而所生产的闲暇成为了一个与工作领域主动分离的场域——通过消费和娱乐，机械化地消解革命动力。[2] 体育的文化替代功能对于精神上、智性上无家可归 (geistig obdachlos) 的白领而言至关重要，他们与无产阶级的不同之处在于他们缺乏社会身份认同。在对归属感的渴望中，精神无家可归者满足于消费和观看提供的被动参与，正如科拉考尔所说，这是"无家可归者的庇护所"。[3]

就布莱希特而言，他认为观看体育活动不是一种伪的、而是一种替代性的经验模式。他的概念有赖于对集体身份和行为模式的关键区分：公众、暴徒、消费者、大众。在整个 20 世纪下半叶，先锋艺术史尤其是对布莱希特作品的研究常常被归结为无差别的反个人主义轨道，并且在它拥抱社会平等化的过程中为法西斯主义铺平道路，甚至有直

---

[1] 齐格弗里德·科拉考尔，《他们在运动》，《法兰克福报》1927 年 1 月 13 日，第 1—2 页，重印收录于《1927—1931 文章：书写》，v/2 卷，印卡·穆尔德-巴赫 (Inka Mülder-Bach) 编，法兰克福，1990，第 14 页。
[2] 齐格弗里德·科拉考尔，《领薪人》，法兰克福，1971。这些文章最初在 1930 年的《法兰克福报》上连载。
[3] 齐格弗里德·科拉考尔，《无家可归者的庇护所》(*Asyl for Obdachlose*)，收录于《领薪人》，第 91—101 页。

接的因果关系。但布莱希特并不是唯一一个观察到欣赏体育赛事需要包括对规则和运动员能力、策略有深刻了解，以及敏锐的批判性判断能力的人。聚集在拳击场和室内赛车场的城市人群成为了新戏剧梦寐以求的观众群体："去过体育宫（Sportpalast）的人都知道，观众足够年轻，适合尖锐而天真的戏剧。"[1] 在《更多的好运动》（*More Good Sport*）中，剧作家更进一步宣称："我们把希望寄托在观看体育赛事的公众身上。"这篇首次发表在《柏林证交报》上的文章将这一群体描述为见多识广且具有多样性特征，"15000名不同面貌、来自不同阶层的人，最聪明且最公平的观众就意味着世界"，这和剧院里的观众不同，他们清楚地知道他们是为了什么而来的：

> 戏剧观众的士气低落（Verderblichkeit）来自于这样一个事实，戏剧和观众都对应该发生什么没有一丁点概念。而在体育场馆里，人们在买票的时候就清楚地知道会发生什么，而当他们入座时的确就发生了。[2]

布莱希特的论战针对的是高雅文化鉴赏家的深奥艺术鉴赏；

---

[1]《大城市戏剧不存在》（*There Is No Big City Theater*，1926），GBA，xxi卷，第134页。
[2]《更多的好运动》，《柏林证交报》1926年2月6日，GBA，xxi卷，第119页；约翰·威利特编译，《布莱希特论剧场》（*Brecht on Theatre*），纽约，1964，第6页。

当他哀叹"旧艺术"缺乏"乐趣"时,他是在对其施压。但他的观点,正如大卫·巴特里克(David Bathrick)所言,本质上是一个认识论的观点。[1] 当观众"知道了",他们就处于一个可以提出要求、进行批判和判断的位置上了。正是这种对物质生活及其经验的兴趣,使得体育公众不同于法西斯暴徒、被动的消费者、资产阶级公共领域私人集会者。

> 似乎没有什么能阻止剧院拥有自己的"体育"形式。要是有人能把那些为戏剧目的而设计的杆在那里拼命赚钱的建筑多少当作成功地追求"体育"的空间来对待,那么它们或许能以一种对当代公众有意义的方式被利用,这些公众赚着真正的当代的钱、吃着真正的当代的牛肉。[2]

对布莱希特来说,体育是受公众欢迎的,但不是民粹的。戏剧和艺术要像体育一样,意味着不直接朝向观众,而是将公众纳入自身,公众的利益、需求和经验是需要辩论和反思的主题,而非简单地揉在一起。艺术要成为吸引观众的实时活动,每个人都是专家,充满激情和见解地沉浸在对形式的讨论和表演中。

---

[1] 大卫·巴特里克,《画布上的马克斯·施梅林:作为魏玛文化符号的拳击》(*Max Schmeling on the Canvas: Boxing as an Icon of Weimar Culture*),《新德国批评 51》,1990 年秋,第 132 页。
[2] GBA, xxi 卷,第 119 页。

事实性（Sachlichkeit）

在 2007 年出版的《世纪》（*The Century*）一书中，法国哲学家阿兰·巴迪欧（Alain Badiou）将布莱希特视为一位"二十世纪的象征性人物"，这个时代的主体性"被现实的激情所俘获，并被置于明确的战争范式之下"。[1] 吸引巴迪欧关注布莱希特的是，他清晰表达了对定义"德国身份认同危机"的对立：一种与瓦格纳式的浪漫主义形成张力的——"相比于瓦格纳的天才"，巴迪欧评论道，"这与小资产阶级积怨的发泄关联更大：衣衫褴褛的破产店主误以为自己是戴着皇帝头盔的齐格弗里德"——愤世嫉俗、麻痹人心的虚无主义。[2] 布莱希特的作品"认为破坏与开始之间存在着神秘的联系"，发现社会、政治和戏剧的创新不在于完全以新事物淘汰过时旧事物，而在于在旧事物的"有营养的降解"中找到创新。[3] 布莱希特对事实性，城市和大众、技术和体育、卖淫和犯罪写作的事实性的兴趣，不在于它们废除了浪漫的、资产阶级的个人概念或生活方式本身，而在于它们记载了旧事物的消亡，为异化和不满

---

[1] 阿兰·巴迪欧，《世纪》，剑桥，马萨诸塞，2007，第 39 页。
[2] 同上，第 39—40 页。
[3] 同上，第 45 页。

腾出空间，使之成为一种越来越难以压制的批判。体育之所以吸引布莱希特和他的同代人，不仅仅是观众的参与，而且比赛内容本身作为一种现实的技术模式，其最终的结果是基于纯粹的、未经调和的力量。这是科拉考尔关于体育去政治化哀叹的好的一面：在民族化（völkisch）术语中，意识形态可以代表体育比赛，但是，正如1936年柏林奥运会期间，当杰西·欧文斯（Jesse Owens）一再打破雅利安人至上的神话时[1]，国家社会党人发现体育竞赛的事实性否定了任何种族歧视的上层建筑意识形态（Überbau）。拳击尤其提供了一种解构舞台而且不放弃它的暴力方式。这个舞台上的演员要为自己的行为负责，而他们的表现则挑战了娱乐概念中不可或缺的形式和叙事技巧。

布莱希特是众多被拳击深深吸引的魏玛艺术家和知识分子中的一员。在艺术商人阿尔弗雷德·弗莱希特海姆（Alfred Flechtheim）组织的晚会以及他办的杂志《横断面：艺术、文学、拳击杂志》（*Querschnitt: Magazin für Kunst, Literatur und Boxsport*）的版面上，先锋派艺术家与拳坛英雄——马克斯·施梅林（Max Schmeling）、保罗·萨姆森-科尔纳（Paul Samson-Körner）、汉斯·布赖恩斯特拉特（Hans Breitensträter）和埃里希·布兰德尔（Erich Brandl）

---

[1] 杰西·欧文斯（原名 James Cleveland Owens，1913—1980），美国非洲裔田径运动员和民权运动领袖。他参加了纳粹德国举办的1936年夏季奥林匹克运动会，取得了4枚奥运金牌，分别是男子100米、200米、跳远和4×100米接力。（译者注）

等混在一起。一些艺术家甚至自己也开始了拳击运动,其中包括约翰·赫特菲尔德、乔治·格罗兹、演员弗里茨·科特纳(Fritz Kortner)和歌剧演唱家迈克尔·博宁(Michael Bohnen)。拒绝戏剧性成为了共同的、决定性的诉求,任何篡改拳击的物质化"真实性"的行径都会受到强烈的谴责。布莱希特认为,越来越强的专业化和抽象化趋势,如"专家"越来越多地试图应用"一整套技术术语"和"点数系统",以及技术性击倒(TKO)而不是真正的直接击倒(KO),这些造成了一种"为艺术而艺术"的趋势的假象。[1]《横断面》甚至还刊登了拳手自己写的比赛报道,他们使用的语言就像他们在拳台上的表现一样直接和显白。布莱希特写的拳击故事也采取了与此相似的实事求是的方式,用报道和采访的方式来尽可能直接地表达观点。

布莱希特与萨姆森-科尔纳建立了友谊;几张照片显示了两人相处的情景。1927年的一张剧照拍到伊丽莎白·霍普特曼在打字机前,与几位朋友和同事在一起,萨姆森-科尔纳坐在房间另一端的钢琴前,布莱希特则站在中间,仿佛将拳击手和魏玛知识分子的世界连接在了一起。后一年的另一张照片则显示,布莱希特和拳击手是互补性的人物:萨姆森-科尔纳举起拳头,仿佛要挥出一记上勾拳;他身材高大,俯视着身材矮小的作家,后者双手插在口袋,目光

---

[1] GBA,xxi卷,第224—225页。

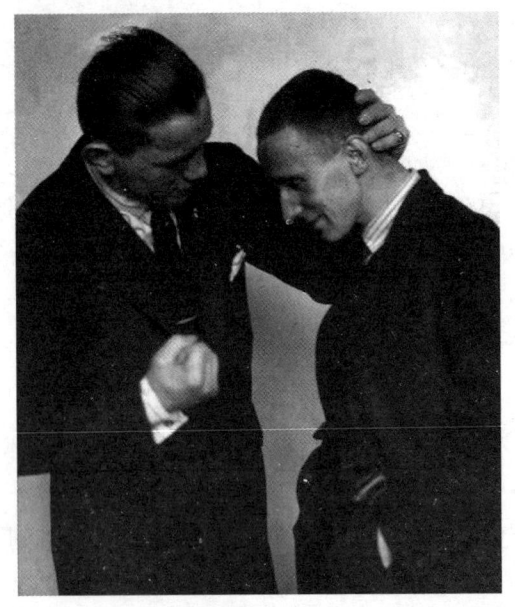

《布莱希特与保罗·萨姆森-科尔纳》,《柏林画报》(*Berliner Illustrierte Zeitung*),1928。

朝下,脸上挂着一丝狡黠的笑容。但这位重量级冠军将另一只手轻轻放在诗人的后脑勺上,以一种近乎温柔的方式拥抱着他。这张相片中有一种近乎同性情感的东西,一种对男性气概的奇怪指控,暗示了魏玛对强壮的男性身体的崇拜,也是这个被战争和赔款残害、羞辱的国家的男人一种肉体和精神上的宣泄。布莱希特的短篇小说《上勾拳》(*The Uppercut*,1925)和 1926 至 1927 年间发表在《舍尔斯杂志》(*Scherls Magazin*)上的不完整的连载小说《拳击手萨姆森-科尔纳的生活》(*The Vita of the Boxer Samson-Körner*),都强调了拳击手形象的两面性:一方面,拳击手粗鲁、没有受过教育、残暴,最不可能成为资产阶级的后代或者有着资产阶级公民愿景的人的榜样。另一方面,他又熔铸了男性气概、整体性、个人主义的理想。访谈和第一人称叙事的形式也确立了一个有着连贯自我的主体声音,但因为其语言和结构的浅显,没有成长小说(Bildungsroman,一类关注年轻主人公精神、道德和社会教育及成长的小说)中更为传统的心理发展,布莱希特的文本拒绝被简单地消费。就像布莱希特和拳击手的合影一样,这些元素相互之间并不吻合,所以它们本身也被置于审视之下。

在某种意义上,这些文本类似于柏林达达派的作品,如汉娜·霍赫(Hannah Höch)的拼贴画和约翰·赫特菲尔德的蒙太奇,都是"有营养的解构"。对建构和建构性的强调,不仅为认识到语言的生产性提供了空间,而且凸显了陌生化,这种陌生化源于体验不同形象与观念、可能与真实、画面与事物之间的裂隙。在《工人画报》(*Arbeiter Illustrierten Zeitung*)创刊十周年之际发表的一篇文章中,布莱希特谈到了像赫特菲尔德这样的人所提供的报道类型,而后者正是该刊物的在职艺术家之一:

在资产阶级的手中,摄影已经成为反对真相的可怕武器……摄影器材和排版机一样可以说谎。《工人画报》服务于真理、重建真相的使命有不可否认的重要性,而且,我相信,这个使命正在被出色地完成。[1]

布莱希特对这个讲述真相的工程的贡献在于对艺术和语言的去神秘化。他利用历史上某种特定、既定的言说类型,旨在将那些已经呈现为规定的、超历史的、不可改变的观点、立场和态度去自然化。对布莱希特而言,资产阶级艺术以及新客观主义(Neue Sachlichkeit)提供的形象是巴特所说的"去政治化的言说",将历史变成了自然,剥夺了事件如何产生、如何运作、如何变化的过程。"事物失去了它们曾经是如何被制造出来的记忆。"[2] 相反,布莱希特希望通过确认当下的产物将自然的东西历史化。用巴特的话说:

> 这是一种政治语言:只有在我要改造它的时候才会向我呈现为自然……因此,存在一种不是神话的语言,它是作为生产者的人的语言:凡是人说话都是为了改造现实,而不再是为了保存其形象。[3]

---

[1]《在工人画报创刊十周年之际》(On the Occasion of the a-i-z's Tenth Anniversary),《工人画报》(Arbeiter Illustrierten Zeitung),1931年10月第41期;GBA, xxi 卷,第515页。
[2] 罗兰·巴特,《神话学》(Mythologies),纽约,1997,第142页。
[3] 同上,第146—147页。

汉娜·霍赫，《漂亮女孩》（*Beautiful Girl*），1920，拼贴画

正是在这样的追求下，布莱希特挑起了与托马斯·曼的一场非常公开的论争，同时嘲笑新客观主义的拜技术教（Technikkult），指责欧文·皮斯卡托对戏剧设备的理解仅仅是形式上的机械化。

1926年，《文学世界》（*Literarische Welt*）杂志为庆祝创刊一周年，宣布举办一系列比赛，旨在帮助年轻艺术家增加曝光度。在文学类比赛中,布莱希特被选为诗歌评委,伊赫林任戏剧评委,阿尔弗雷德·多布林任小说评委。布莱希特否定了所有提交上来的几百首诗歌,而选择了他在一本自行车杂志上发现的一首诗,并宣布该诗的作者汉内斯·库珀(Hannes Küpper)为获奖者。在刊出库珀的《他,他!铁人!》(*He, he! The Iron Man!*)——一首记录澳大利亚自行车手雷吉·麦克纳马拉(Reggie MacNamara)胜利的诗——一旁,布莱希特撰文解释了他的决定,认为年轻诗人失败在于没有写出任何新的东西,他们在"多愁善感、不真诚、不真实"上足以和他们的前辈媲美。就像里尔克、斯特凡·乔治和弗兰茨·韦弗尔(Franz Werfel)的作品一样,这些年轻诗人的作品没有"使用价值"。布莱希特在结尾处提出了挑衅:"我建议库珀多创作一些这样的歌曲,而且我建议公众通过拒绝来鼓励他。"[1] 随之而来的是巨大的愤怒,《文学世界》和其他许多刊物都做出了回应。一些作家反对贬低德国文学的成就;另一些作家,包括托马斯·曼的儿子克劳斯·曼(Klaus Mann),则为被否定的诗人们辩护,反对平庸的自行车抒情。其中一位年轻的诗人公开抗议布莱希特的决定,而剧作家建议这位愤怒的参赛者"订阅一本自行车杂志",在那里他将了解到"在远离《文学世界》的未受教育的圈子里,赛后才吐槽一位

---

[1] GBA, xxi 卷,第 192—193 页。

评委被认为是不合理的"。[1]

《六天自行车赛》，柏林体育宫，1929。

战后，托马斯·曼作为资产阶级文学的化身，已然将自己塑造成现代主义写作的代表人物，在道德混乱和社会动荡的时代提供一种审美自治和文类的连续性。曼认为，对包括布莱希特在内的年轻一代那种天真的革命性和基本上不连贯的文学和戏剧来说，精神（Geist）、品位、形式趣味和艺术纪律是必要的解毒剂。随后，托马斯的儿子克劳斯又自发地探讨了代沟的话题，针对如何在新旧之间架起

---

1 《伯特·布莱希特的回应》（*Bert Brecht's Reply*），《新时代》（*Die Neue Zeit*），1927 年 5—6 月刊；GBA，xxi 卷，第 200 页。

桥梁同时又避免他认为是反动的弑父（Vatermord）这一问题，因为这会使脆弱的文化失去方向。1926年，文学杂志《UHU》(*Uhu*)发表了曼父子的文章和对话。克劳斯·曼写道："父亲的作品矗立在我们面前，我们自我教育，从中学习。"托马斯·曼则认为："也许与其说是父母改变了，不如说是孩子们改变了，他们长大了，更理智了，以正确的眼光看待父母。"按照托马斯·曼的说法，年轻一代已经脱离父权制的神话生活了一段时间，但现在，面对从俄国席卷欧洲的"分析革命浪潮"并抵御它的挑战，"不道德的、自以为是的无序的倾向"已经力有不逮了。他写道，"布尔什维克们憎恨灵魂"，而且由于美国现代主义本身没有灵魂，所以只能靠19世纪欧洲——德国和法国——文化的传统来"守护灵魂"。[1]

这是布莱希特无法抗拒的挑衅。同月，布莱希特在每周发行的报刊《每日书》(*Das Tage-Buch*)上将矛头指向了曼父子，显然不满于年轻的曼被选为新一代的代表，并且就此宣布革命青年的时代已经结束。布莱希特把"文学森林中的和谐"说成是另一种积极去政治化的行为，目的是掩盖像克劳斯·曼这样的"男孩"已经厌倦了仅仅观看他们的父亲，而是已经屈服的事实。他进一步阐述说，父权专制的概念远不是弑父的原因："说真的，我们杀死那些

---

[1] 克劳斯·曼，《新父辈》(*Die neuen Eltern*)和托马斯·曼，《新孩子：一则对话》(*Die neuen Kinder: Ein Gespräch*)，《UHU》，xxi卷，1926年8月。

父亲不是因为他们很强硬、很暴力！相反，是他们感觉不到，因为他们毫无棱角且多愁善感。"布莱希特又补充道："除了我们作为弑父者（Vatermörder）的争议性名号之外，我们还要不可避免地加上杀童者（Kindermörder）这一名号。"[1]

布莱希特以前就曾针对托马斯·曼发言，指责他发明了一些靶子，然后对其进行讽刺性的批判，并将传统的德国小说塑造为对现实的一种低效的干扰。与此相反，剧作家主张回到犯罪故事和它的黑帮行话（Gaunerjargon），一种通过作家和读者之间的共识（contrat littéraire）而存在的语言，以描述"人类生活的事件、感情、姿态、观点、纠葛、处境的所有情形"。[2] 这个想法是要对当下提出一种真正的新态度，包括"创造能够进入新主题的形式密钥（Formschlüssel）"。[3] 这需要一种与现代科学不一样的方法，拒绝和谐的理想主义，创造"混乱"，通过历史的特殊性来重建事件和思想的复杂性。对布莱希特来说，承认特定时刻的社会和政治现实使得转变现实成为可能。需要体验和了解的混沌是现实与理想之间的分裂，也是对二者不相容的承认——辩证法不是为了正反两面的合成，而是为了一种持续的正在形成的状态。有用的是艺术类型，它能

---

1 GBA, xxi 卷，第 159—160 页。
2 《关于犯罪小说的短文》（*Squibs about Crime Novels*, 1926），GBA, xxi 卷，第 131 页。
3 《对旧时代的话》（*Word to Old Age*, 1926），同上，第 168 页。

阐明材料与观念、既定与可能之间的关系现实；有用的是形式和媒介，它们呈现的仍是事实性。报道的力量而不是美化或消遣的力量，成为大众艺术和专业性的戏剧的新指导方针：

> 实际地讲，我们需要的是记录文档的生产。说这话我的意思是，重要人物的专著、社会结构的轮廓、关于人性的准确而立即适用的信息以及对人类生活的英雄式的展示，所有这些都从典型的立场出发，而非在考虑其有用性的情况下，被形式中立化。[1]

由此在布莱希特看来，事实性是一种交流形式，一种由城市生活、体育和技术所促成的，事实上也是必要的表现技术。只有在观众对日常生活的体验和其中介的呈现之间保持一种积极的、机动的关系，这样的话语才始终保有政治性。多布林在他对魏玛共和国的小说界状况的评价中这样写道："短篇小说，以及篇幅较短的长篇小说，不仅需要一种特殊的技巧，而且需要一种特殊的意愿，以便与读者建立一种现代的、密切的联系。"[2]

---

[1] 《关于生产记录文档的一点建议》（*A Bit of Advice for Producing Documents*, 1926），GBA, xxi 卷，第 165 页。
[2] 阿尔弗雷德·多布林，《无名的年轻叙述者》（*Unbekannte junge Erzähler*），《文学世界》，xi 卷，1926，重印收录于曼弗雷德·沃格兹编，《关于布莱希特的100 篇文章》（*100 Texte zu Brecht*）。

20世纪20年代中期,布莱希特在多个报刊杂志上发表了几十篇小说和文章,包括《午间柏林人杂志》(*bz am Mittag*)这种以耸人听闻的方式报道新闻的报刊和《柏林证交报》这样的自由派日报,到《法兰克福报》的文学版和戏剧杂志《现场》(*Die Scene*)等专业性更高的杂志。1926年,《城市》(*The Cities*)等诗作发表在杂志《痴儿》(*Der Simplicissimus*)上,描绘一个没有居民的大城市的空洞和无意义,从而强调城市居民在生产现代性中的作用。而1927年初发表在《柏林证交报》上的一首无题诗则建议读者忘掉他们曾经听到的关于自己在这个世界上的地位和可能性的一切,忘掉来自母亲和社会的成功学劝勉;它劝告读者,相信事在人为,而不是相信通过学习"ABC"就可以知道压迫是如何运作的。读者被告知:"这不是要让你们灰心!"[1] 布莱希特让他的观众接受、认可,以便不被欺骗。

此时布莱希特作品的社会层面是让个人将自己看成一个更大的整体的一部分。在这个时间点上,他并没有把无产阶级看作是一种革命力量,尽管他显然关注着经验和知识所有权的重新分配。社会契约(Einverständnis)的有用性,表现在产生一种给定的社会意识,而不是可能的阶级意识。布莱希特属于一个名为"25小组"(Gruppe 25)的

---

[1] GBA, xi卷,第164页。

团体,团体中还包括多布林和"狂暴记者"埃贡·埃尔温·基什(Egon Erwin Kisch),后者把新闻写作作为一种社会参与的形式。25 小组对报道、问卷、电台广播和电影等直接、集体的观察方式的兴趣,激发了他们对短文、自我启示式的叙述、多重视角和大众化乃至庸俗主题的运用。在布莱希特看来,这种传播技术的形式本身就质询了作为一个集体性的主体的个体,以心理和内在性换取一种客观的、"从外部观看"的认知。但与新客观主义的同行不同,布莱希特从未将技术设备与其应用混为一谈,他对无差别拥抱现代进步持谨慎态度。他的著名诗歌《700 个知识分子向一个油罐祈祷》(*700 Intellectuals Pray to an Oil Tank*)很可能写于 1927 年,并于 1929 年发表在《痴儿》(及其他地方)上,表明了他的批判态度:

> 丑陋的你
> 你是最美的!
> 对我们施暴吧
> 真实的你。
> 抹除我们的个性!
> 让我们成为集体!
> 因为我们怎么想的不重要:
> 你怎么想的才重要!

布莱希特直接指出自由的承诺与依赖关系的革新之间的分裂,因为神在进步和启蒙的名义下被热情地换成了一个新神。诗歌以一段精辟的分析作结,论述了技术如何通过商品创造一种象征性的所有权,而非真正的精神的所有权。最后一节直接挪用了《主祷文》的语调和韵律,并创造了一个将福特(Ford)和进步(Fortschritt)揉在一起的新词"福特进步"(Fordschritt)。

> 因此,回应我们的祈祷
> 将我们从精神的邪恶中解救出来。
> 以尔之名,电气化
> 福特进步和统计数据![1]

对布莱希特而言,技术、机械化和随之而来的去个人化是为了赋权,而不是导致新形式的剥削和压迫。随着集体性的资本主义化和法西斯主义化变得越来越明显,布莱希特试图更清楚地阐明他关于个体与社会的观念如何与消费和奇观的大众文化相区别,而后者最终导向了瓦尔特·本雅明所说的法西斯主义的大众狂欢(Volkfest)。[2] 在1929 年的一篇题为《个体与大众》(*Individual and Mass*)的未发表笔记中,布莱希特写道:

---

1 GBA, xi 卷,第 175—176 页。
2 本雅明,《全集》,v/1 卷,第 243 页。

> 我们对大众的概念来源于个体。因此,群众是一种合成物。……"个体"的概念在这里不是基于分离,而是基于分配。应当强调个体的可分性(作为若干集体的从属)。[1]

布莱希特通过将集体的观念变成一种战略性的、辩证的而非具有吸收性的归属形式,目的是克服主体与社会(以及私有与公共)排他性的二元对立。

1927年,布莱希特曾策划了一部名叫《鲁尔区史诗》(*Ruhrepos*)的关于德国工业中心地带煤矿和钢铁厂的轻歌剧。这个作品的观众设想由"各阶层的人"组成,他们聚集在一起,了解生产的现实和现实的生产:"但这里不仅要展示人类精神的清晰可见的成就,而且要展示我们时代本身的世界观。我们时代如何认知它自己的形象也值得记录。"[2] 所谓的鲁尔盆地或鲁尔河谷是德国国家独立和政治斗争的关键场所,因为根据《凡尔赛条约》的规定,该地区产生的大部分收入被指定用于支付赔款,而且盟军密切关注着可能的武器生产。但是,矿区和工厂也是资本、劳工和掌握魏玛共和国未来政治走向的大戏徐徐展开的舞台。布莱希特的歌剧计划因地方政治和经济困难而受挫;保留下来的几首歌曲给"无名工人"赋予了面容,而机器也有

---

[1] GBA,xxix卷,第351页。
[2]《鲁尔区史诗》1927,GBA,xxi卷,第205—206页。

机会讲述自己的故事。工人和机器双双反思他们的角色、他们的过去和未来以及他们之间的关联和纽带，而事实是他们都不是生产者而只是产品。起重机"牛奶包4号"对一个工人说："你并没有活着，我仍旧是死的。"[1] 只有当工人主体和设备机器不再生产和接受异化，而是按照他们的潜力工作时，工人和机器才成为了进步的重要部分。

1927年，布莱希特在1926年被人民剧院（Volksbühne）解雇后，加入了欧文·皮斯卡托的导演团体，该团体是作为剧作家自己的新剧院——皮斯卡托剧院（Piscatorbühne）的一部分而组建的。布莱希特欣赏皮斯卡托的作品，因为他们试图将政治搬上舞台，并且提高了剧院的技术水平。和这个团体合作，布莱希特有机会研究声音、电影、投影和舞台设计等方面的技术革新。布莱希特在《柏林证交报》上撰文为皮斯卡托辩护，把那些将他赶出大众剧院的人斥为"懒惰和愚蠢"，认为他们不愿意承认或被新戏剧的革命力量吓到了。[2] 在其他场合，他称赞皮斯卡托为"电气化戏剧并提高其技术水平"所做的努力。[3] 一次回忆往昔时，布莱希特自大而慷慨地宣称皮斯卡托是

---

[1] GBA, xiii 卷, 第 376 页。
[2] 《大众剧院的趋势：纯艺术》（*Tendency of the Volksbühne：Pure Art*），《柏林证交报》1927年3月31日；GBA, xxi 卷, 第 226 页。
[3] 《设备私人化》（*The Primacy of the Apparatus*, 1928），GBA, xxi 卷, 第 226 页。

"唯一的另外一个有能力的戏剧家"。[1] 但布莱希特对舞台电气化究竟能实现什么持怀疑态度。先于瓦尔特·本雅明提出著名的对政治审美化和审美政治化的区分,布莱希特指出真正重要的是"将皮斯卡托尔式的戏剧革新尝试视为革命的当下趋势",理解戏剧对政治的占有而非"政治"对戏剧的占有。[2] 布莱希特认为,必须改变的并非简单的正在上演的内容,而是观众和舞台之间的关系。他解释说:

> 通过戏剧效果来转译革命精神,在政治上值得称道,但它仅仅营造一种活跃的气氛,却不能革命化戏剧,只是一种临时性的解决办法,不能推广,唯一的办法是以真正革命的戏剧取而代之。这种(现行)戏剧的核心是反革命的,因为它是被动的、再生产的。它纯粹依赖于对已经存在的、因而也是占统治地位的类型——即资产阶级类型——的再生产,必须等待政治革命才能找到它的模型。它是资产阶级自然主义戏剧的最后一种形式。[3]

布莱希特对事实的(sachlich)戏剧的想法有所不同。而且尽管他正开始阐述一种新的舞台美学,但他仍然成功地制作了一部真正的魏玛戏剧,这反映了他早已预先关注并且

---

[1]《奥格斯堡人与皮斯卡托的关系》(*The Relationship of the Augsburger to Piscator*, 1939), GBA, xxii 卷,第 763 页。
[2]《皮斯卡托戏剧》(*Piscatortheater*, 1927), GBA, xxi 卷,第 197 页。
[3]《社会逻辑视角》(*Sociological Perspective*, 1928), GBA, xxi 卷,第 234 页。

提供了关于共和国社会政治的自我理解机制、重新利用文化体制的难点及它们与观众关系的洞见。

《三便士歌剧》是布莱希特最成功的作品,甚至可以说是20世纪20年代最重要的戏剧成就。它深受观众欢迎(评论家则不那么喜欢),在柏林演出了近一年,被翻译成多种语言,在世界各地上演,并被改编成电影和小说。还有其他一些印刷品衍生物,以及歌曲集、音乐会和唱片(包括举世闻名的《刀子麦基之歌》)。虽然《三便士歌剧》使布莱希特一夜成名,解决了他挥之不去的经济问题并增加了他的机会,但他对这部剧的影响感到不安,继续狂热地工作,发展如今被称为史诗戏剧的理论。

提起《三便士歌剧》人们可能不会联想到事实性。这部剧并非直接的、不煽情的、"事实的",而是显得复杂、混乱、令人费解。关于它的源起和方法的叙述引用了从约翰·盖伊(John Gay)到吉卜林再到维庸的过量的资料,各种风格的歌曲和语言,多阶级、多时代、多地域的人物,还有幕布半拉、投影、字幕、说与唱突然切换等技术上的选择。与传闻中立刻获得成功相反,伊丽莎白·霍普特曼回忆说,1928年8月31日在希夫鲍尔丹姆剧院(Theater am Schiffbauerdamm)的首演并没有受到热烈的欢迎:"不,观众很生气。"[1] 布莱希特让观众看到幕间舞台场景的重新

---

[1] 转引自科比尔,《我没有要求我的份额》,第107页。

布置，这样的设计尤其遭遇到了怀疑和愤怒。《新普鲁士报》（*Neuen Preußische Kreuz-Zeitung*）的评论家写道："整件事最好被描述为文学上的恋尸癖，唯独非同一般的是

《三便士歌剧》首演，柏林，1928。

其主题无足轻重的程度。"[1] 位于政治光谱另一端的《红旗》同样观察到了该剧缺乏一致性和意义的问题,报道说:

> 当一个人感到虚弱的时候,就会向强者靠拢;当一个人多少有些不理解当下的时候,他就会逃向过去……没有现代社会或政治讽刺的痕迹。但总的来说是一个五光十色、富有娱乐性的大杂烩。[2]

从很多方面看,《三便士歌剧》是一部偷来的戏剧。它最初改编自约翰·盖伊的《乞丐歌剧》(*The Beggar's Opera*,1728),这部剧自1920年以来在英国被重新发现,上演后获得了巨大成功。1927到1928年间的冬天,在媒体对这部剧的报道的推动下,伊丽莎白·霍普特曼翻译了盖伊的剧本。与此同时,布莱希特应邀在希夫鲍尔丹姆剧院制作一部作品。他在1927年认识了作曲家库尔特·魏尔,两人合作了几个项目,于是他们以盖伊的剧为蓝本,准备着手创作一部长篇歌剧。布莱希特和魏尔创作了新的旋律,写了新的歌词,不断地添加和删减素材,包括盖伊的和他们自己的。布莱希特和魏尔甚至在法国南部工作了一个夏天,正如魏尔的妻子、女演员洛特·伦雅(Lotte Lenya)所回

---

[1] 《GI》(作者首字母缩写),《新普鲁士报》(*Neuen Preußische Kreuz-Zeitung*)1928年9月1日,重印收录于怀斯《批评中的布莱希特》,第80页。
[2] 《er》(作者首字母缩写),《红旗》1928年9月4日,重印收录于怀斯《批评中的布莱希特》,第82—83页。

忆的那样,"像疯了一样,写、改、扔、重新写,休息就是仅仅到海边走几分钟"。[1] 这个作品的合作结构毫不掩饰地展示给读者和观众,在 1928 年 6 月与菲利克斯-布洛赫-埃尔本出版社(Verlag Felix Bloch Erben)合作出版的第一本印刷品和首演的节目单中,都把功劳归功于盖伊、维庸、吉卜林、霍普特曼、魏尔、埃里希·恩格尔、奈尔、提奥·马凯本(Theo Makkeben)和刘易斯·鲁斯乐队(Lewis Ruth Band)。盖伊的原作已经是各种来源和集体创作的成果〔据说亚历山大·蒲柏(Alexander Pope)和乔纳森·斯威夫特(Jonathan Swift)曾伸出援手〕,以至于盖伊(以及后来的布莱希特)被指责为抄袭。

《乞丐歌剧》是一部"穷剧",它的穷,正如布莱希特的《读本》一样,是一种为挪用歌剧形式辩护并以此批判高雅文化的人造"本质"的方法。这是一个两个人的故事,一个强盗,一个销赃人,他们为了钱不择手段,为了成功把任何东西——任何人、感情或欲望——都变成商品。但盖伊的剧本与其说是对社会环境、剥削和异化的进步性批判,不如说是对金钱作为社会流动的庸俗工具的一种保守的哀叹。另一方面,布莱希特的版本则没有表现出暴民的崛起,恰恰相反,表现了资本主义自身就是一种抢劫的形式。维尔纳·赫希特将《乞丐歌剧》描述为"对公开的苦

---

[1] 转引自齐格弗里德·文塞尔德(Siegfried Unseld)编,《贝托尔特·布莱希特的三便士》(*Bertolt Brechts Dreigroschenbuch*),法兰克福,1960,第 223 页。

难进行的伪装起来的批判",而布莱希特的作品则是"对伪装的苦难公开进行的批判"。[1] 在给乔治·格罗兹的信中,布莱希特谈到《三便士歌剧》的情节:"主题在于:德国公民就是强盗。"[2] 通过一种寓言的方式,布莱希特揭示了市场斗争及其达尔文式的生存法则是如何被小心翼翼地隐藏在看似抽象的银行转账、董事会会议和股票市场数字的背后,以及文化机构只关心真理和意义这样已经分类好的问题,而不反思历史和历史被制造出来的过程。因此,莫丽塔特歌手的著名唱词是:

> 噢,鲨鱼有着漂亮的牙齿,亲爱的
> 他露出了珍珠白的牙齿
> 就像麦基的尖刀,亲爱的
> 只不过他把刀藏了起来。[3]

在一个由阅读侦探小说获得的经验拼凑而成的伦敦,在一个远非真正维多利亚时代的时空背景下,布莱希特创造了一个并置的结构,展示了资产阶级传统与其当代应用之间的关系,社会阶层之间的关系以及将他们团结起来的意识

---

[1] 维尔纳·赫希特,《关于布莱希特的七个研究》,法兰克福,1972,第84、87页。
[2] GBA,xxviii卷,第484页。
[3] GBA,ii卷,第231页。原作者翻译根据马克·布利兹泰(Marc Blitzstein)1954年的翻译修改而成。

形态，进步、自由和主体性的新旧观念之间的关系。妓女和瘸子被视为相互关联的境遇——工业化、战争和现代交通，以及战后赔偿和魏玛繁荣——的受害者。布莱希特对抢劫和占有、阶级和经验、动力和欲望、真相和形象的建构，反映了魏玛共和国无人管理的、"无法无天的"文化和意识形态的自由放任。叙事和表现的内容、形式手段都强调了资本主义秩序的矛盾；魏尔的音乐、奈尔的舞台设置和布莱希特的人物都缺乏和谐与一致性。音乐有时对立于舞台上的动作，游离在流行乐和爵士乐之间；舞台本身是一种肤浅的建构景观，主角们也是如此，在角色、态度和信念中滑进滑出，互相指责对方是假货、伪造者，甚至是"艺术家"。一切都是被建构的，借以洞察事物的制造机制。在所有东西是有用的同时，一切都是可被消费的。在西奥多·阿多诺的文章《论三便士歌剧的音乐》(*Zur Musik der Dreigroschenoper*，1929) 中，他阐述了这种模糊性：

> 社会有许多方法来处理麻烦的作品。它可以无视它们，可以批判然后摧毁它们，可以吞噬它们，使它们一无所有。《三便士歌剧》已经吊起了它最后的胃口。然而，这顿饭能不能吃得惬意，还有待观察。[1]

---

[1] 西奥多·阿多诺，《音乐写作 v/全集》(*Musikalische Schriften v/Gesammelte Werke*)，xviii 卷，法兰克福，1984，第 539 页。

3 劳动、阶级以及同马克思主义的交锋，1929—1933

教与学

布莱希特常被认为在 20 世纪 20 年代晚期实现了政治化的转变，与政治理论家卡尔·科施和弗里茨·斯特恩伯格的接触、与音乐家汉斯·艾斯勒（Hanns Eisler）的合作，以及在马克思主义工人学校（Marxistische Arbeiterschule）的零星学习促使他转向马克思主义和社会主义。然而，这种学术界对布莱希特作品中突然出现的"政治性"的判断在很多层面都具有误导性。它假定了布莱希特早期的戏剧和著作中并没有关注权力的分配和行使，这种观点使得战后许多布莱希特研究者随便地将诗人的美学成就和他的政治观念区分开来。事实上，布莱希特对马克思、恩格斯和科施的政治理论的解读，以及他对工人阶级文化和像艾达·塔贝尔（Ida Tarbell）、古斯塔夫斯·梅耶斯（Gustavus Meyers）等"黑幕"作家的调查性新闻报道的兴趣，体现的是他艺术方法不断转变中的一个阶段，而他始终专注于所有权问题：谁决定了经验的条件，为谁决定，以及谁能够改变它们。

1929 年，利用《三便士歌剧》带来的经济上的成功，布莱希特得以专心投入阅读和写作，并经常接受弗里茨·斯特恩伯格的指导。两人在 1927 年就已相识，而此后布莱希特将一本《人是人》送给斯特恩伯格，并题词"致我的第一位老师"。布莱希特还在马克思主义工人学校听课，在那里他与任教的马克思主义理论家卡尔·科施建立了友谊。布莱希特与不同职业的工人同堂上课，同时通过科施以及校主任赫尔曼·邓克（Hermann Duncker）与工会和德国共产党（KPD）代表建立了联系。与作曲家魏尔、保罗·辛德米斯（Paul Hindemith）和后来的汉斯·艾斯勒一起，布莱希特开始创作和表演所谓的"教育剧"（Lehrstücke），由此发展出一套表演和理论，而这对他未来方法论的发展和成熟至关重要。

斯特恩伯格在他的《诗人与理性：关于贝托尔特·布莱希特的回忆》（*Der Dichter und die Ratio: Erinnerungen an Bertolt Brecht*，1936）一书中讲述了当时的一段关键经历。在 20 世纪 20 年代后期，斯特恩伯格和布莱希特经常见面，主要讨论个人在资本主义社会中不断被削弱的作用，并参与了一些关于"新戏剧"在出版物和广播上的讨论。在 1929 年 5 月 1 日的夜晚——这是德国和许多其他国家一年一度的劳动节,庆祝和纪念工人阶级及其斗争——布莱希特在斯特恩伯格的寓所观察到了一次对共产主义示威者的暴力镇压,这就是后来被称为"柏林血色五月"的事件。斯特恩伯格写道:

> 据我们所知,这些人都没有携带武器。警察开了几枪,起初我们以为这只是警告性的枪声。然后我们看到有几个示威者倒下,然后被担架抬走。我记得,柏林有超过二十名示威者死亡。当布莱希特听到枪声、看到有人被击中时,他的脸色变得十分苍白,我从未见过他这样。我想,这次事件对促使他走向共产主义相当重要。[1]

对布莱希特而言,民主以及捍卫和执行民主的执政党——社会民主党(SPD),一个本应为劳动人民服务、由劳动人民执行的政党——使资本以私人和公司的形式存在,正如弗里德里希·恩格斯所说的那样,将生产归属于社会却没有将之社会化。[2] 资本主义在剥削和消费的过程中是"民主"的,正如布莱希特从斯特恩伯格家的窗口看到的那样,在它暴力压制平等和博爱的诉求时也是"民主"的。然而,

---

[1] 弗里茨·斯特恩伯格,《诗人与理性:关于贝托尔特·布莱希特的回忆》,哥廷根,1963年,第25页。
[2] 弗里德里希·恩格斯,《社会主义:乌托邦与科学化》(*Socialism: Utopian and Scientific*, 1880),重印收录于《马克思-恩格斯读本》(*The Marx-Engels Reader*),罗伯特·C. 图克(Robert C. Tucker)编,纽约,1978,第705、716页。

这种暴力不仅仅是警察的暴力。它还体现在 SPD 的改良主义中，社民党试图捍卫魏玛宪法和它的实业家赞助者，而不是从根本上重新分配身体、社会和精神的产权。而在布莱希特看来，被压迫者面对着意识形态机器进一步的暴力对待，后者通过宗教、道德和人文的超越性的故事，合理化和自然化虐待和劣行。认识到这些故事如何在危机时刻遭遇考验，就是看到了革命性变化的机会；这就是给政治艺术家的挑战。

布莱希特的戏剧《屠宰场的圣约翰娜》（*St Joan of the Stockyards*）的写作始于 1929 年，反映了大萧条前夕工人阶级与国家之间的紧张矛盾，工人们要求获得劳动所有权、组织权和保有权，而国家却无情地维护现有的经济关系。故事讲述了救世军成员约翰娜·达克试图帮助一群被锁在厂外的肉类加工厂工人，却无意中帮助了他们的工业家雇主，而雇主的改良主义姿态非但没有缓解，反而延长了那些被他奴役的人所遭受的不公正待遇。在经历了无产阶级的贫困和由此产生的反社会恶意后，约翰娜改变了她对人类"本性"和善良的看法，意识到"在暴力统治的地方只有暴力才能有用"，所有告诉穷人上帝存在的人都应该把他的"头砸烂在人行道上，一直到他死"。[1] 但她的话被合唱团歌颂上帝的"和撒那"淹没了，而工业家则成功地将约

---

1 GBA, iii 卷，第 224 页。

翰娜塑造为被顶礼膜拜的圣人。

布莱希特对改良主义政治和用以安抚民心的资产阶级人文主义的批判，致使《屠宰场的圣约翰娜》在魏玛共和国期间从未上演——因为同样的原因，之后很长一段时间也是如此［该剧于 1959 年在汉堡剧院（Schauspielhaus Hamburg）首演］。1932 年，柏林广播电台播放了一个缩略广播版，评论家弗里茨·沃尔特（Fritz Walter）在《柏林证交报》上写道：

> 这将是我们这个时代文化史上最不同寻常、同时也最不光彩的象征之一，即剧院不得不将这个时代最伟大、最有意义的戏剧之一交由电台来传播。[1]

《屠宰场的圣约翰娜》常常被误解为是一幅阶级斗争图景，而不是批判性的社会政治分析。事实上，布莱希特向马克思主义看齐，不是要把历史的必然发展形象化，而是要阐明资本主义下当代政治、经济和文化的运作和局限性：把财产和劳动关系搬上舞台，把经济学戏剧化，把市场的运作、商品和生产力所有权的交易和冲突传达出来。

在布莱希特分别创作于 1926 年和 1935 年的两首诗，以及 30 年代中期未发表的一个文本中，他描述了在创作以

---

[1] 弗里茨·沃尔特，《评论》，《柏林证交报》1932 年 4 月 12 日，重印收录于《批评中的布莱希特》，莫妮卡·怀斯编，慕尼黑，1977，第 154 页。

芝加哥小麦市场为背景的戏剧《乔·弗莱施哈克》(*Joe Fleischhacker*, 1924—1929)时,向"专家和从业人员"咨询的情况:"没有人,无论是著名的经济学家还是商人……都无法向我完整解释小麦交易的运作流程。"《乔·弗莱施哈克》的工作停顿下来;这部剧仍只是一个片段。在此之前,不管是1918年起在工人和士兵委员会度过的时光及其附属的USPD成员资格,还是谢尔盖·爱森斯坦(Sergei Eisenstein)的电影或者皮斯卡托的戏剧,都没有说服布莱希特拿起《资本论》。布莱希特宣告:"计划的剧本没有写出来,相反,我开始读马克思;在那里,也只有在那时,我才读到马克思。"[1]

马克思成为剧作家思考艺术和政治的重心。在马克思身上,布莱希特找到的与其说是一种信条,不如说是一种态度,一种对待现实的方法,就像他所说的,"一种伟大的方法"。[2] 布莱希特自己不断变化着的方法,毫不意外地让人想起爱森斯坦打算制作电影版《资本论》的计划,正如这位导演在1927至1928年的笔记中所总结的那样:

> 在文化的革命中最重要的任务不仅仅是辩证法的解说,而更是辩证法的指导。……现在,大写的资本的内容(它的

---

[1] 《阅读导言草稿》(*Draft to an Introduction to a Reading*, 1935), GBA, xxii 卷, 第一部分, 第 138—139 页。
[2] 《我的戏剧的唯一观众》(*The Only Viewer for My Plays*, 1928), GBA, xxi 卷, 第 256 页。

目的）已经成形：教会工人辩证地思考。[1]

布莱希特的著作中，尤其是在这段关于马克思和观众的广为援引的论述里，也可以看到类似的感悟：

> 当我读到马克思的《资本论》时，我理解了我的戏剧……马克思是我所见过的唯一一个我的戏剧的观众。因为一个有这种兴趣的人，一定对这些戏剧感兴趣。不是因为剧本的才华，而是因为他的智慧。[2]

布莱希特对马克思和恩格斯、列宁和科施的阅读，坚定了他的反个人主义，肯定了他早先提出的"伟大的艺术为伟大的利益服务"的观点、康德审美自主性的谬误，以及随之提出的关于艺术有用性的问题："谁从艺术中获益？"[3]

与此同时，布莱希特还在继续研究"教育剧"，即1928至1932年期间创作的戏剧，严格来讲，包括《林德伯格一家的飞行》（*The Flight of the Lindberghs*，1929年首次上演）、《巴登-巴登关于契约的教育剧》（*The Baden-*

---

1 谢尔盖·爱森斯坦，《电影〈资本论〉的笔记》（*Notes for a Film of Capital*，1927—1928），重印收录于《十月——第一个十年》（*October — The First Decade*），安妮特·米歇尔森（Annette Michelson）等编，剑桥，马萨诸塞，1987，第138、122页，着重符号为原文所加。
2 《我的戏剧的唯一观众》，GBA，xxi卷，第256页。
3 《关于一个观众的适当性》（*Regarding the Suitability of a Viewer*，1929），GBA，xxi卷，第127页；《对新批评的需求》（*Demands of a New Criticism*，1929），GBA，xxi卷，第332页。

Baden Teaching Play on Agreement，1929)、《说是的人》(*He Who Says Yes*) 和《说不的人》(*He Who Says No*, 1930)、《措施》(*The Measure Taken*, 1930) 和《母亲》(*The Mother*, 1932)。虽然布莱希特研究通常会在教育剧和他的其他作品之间划一道清晰的界限，但事实上这些剧本是布莱希特方法论的重要组成部分，并且包孕着史诗戏剧的种子。教育剧是从布莱希特早期与魏尔的合作中发展起来的，魏尔根据《虔诚指南》中的《马哈哥尼之歌》(*Mahagonny Songs*) 创作了所谓的《马哈哥尼音乐游戏》(*Mahagonny-Songspiel*)。1927 年，《马哈哥尼音乐游戏》在德国巴登-巴登室内乐节上演出，大获好评。这一成功促使布莱希特和魏尔合作创作了歌剧《马哈哥尼城的兴衰》(*The Rise and Fall of the City of Mahagonny*)，背景设立在一个虚构的美国城市，人类追求享乐主义，以至于缺乏团结，最后走向了社会的暴力灭亡：它揭露了资本主义的有序制度其实是无政府状态。1930 年在莱比锡一家歌剧院举行的首演成为了魏玛共和国最大的戏剧界丑闻之一。批评家阿尔弗雷德·波尔加（Alfred Polgar）回忆了"丑陋而刻薄"的景象，看到一个"有尊严的男人"和他的妻子用尽全力吹着尖锐的口哨，而妻子被"两根粗大的手指插在她的嘴里，闭着眼睛，脸颊臃肿"。[1]

---

[1] 阿尔弗雷德·波尔加，《评论》，《每日书》1930 年 3 月 22 日，重印收录于怀斯，《批评中的布莱希特》，第 110 页。

3 劳动、阶级以及同马克思主义的交锋，1929—1933

关于布莱希特和他的史诗戏剧作品的论述常常简单地把转变对文化生产的态度认为是激活被动的观众。很大程度上讲，布莱希特史诗戏剧的理论化发生于30年代中期，彼时他正在斯堪的纳维亚流亡。但他1930年秋首次发表在《实验》上关于歌剧《马哈哥尼》及其首演的笔记中，包括一张对"戏剧形式的戏剧"与"史诗形式的戏剧"进行对比的图表，已经显示出对观众角色及其转变的一种微妙的、辩证的方法。传统戏剧"消耗观众的行动"，而史诗戏剧则"使观众成为观察者，但唤醒他的行动"。观众应该意识到自己在不断变化且是可变的，始终处于过程中，他们的思维由社会存在决定，而不是他们的"思维决定存在"。[1]

魏尔的谱曲——简单、民谣风、模仿浪漫的香颂，但又不和谐、具有破坏性——拒绝顺畅地推动情节，拒绝赋予形式上的整体性，拒绝将《马哈哥尼》变成一个整体艺术（Gesamtkunstwerk）。相反，魏尔把音乐看作是一种反思的手段，把重点放在回唱的内容，而非它的旋律包装。他形容它"既不是自然主义的，也不是象征主义的，它更应该被称为'真实的'，因为它显示了在艺术领域中呈现的生活"。[2] 音乐理论家、法兰克福社会研究所的主要成员西

---

[1] GBA, xxiv卷，第78—79页。
[2] 库尔特·魏尔，《歌剧〈马哈哥尼〉导演书的导演》（*Vorwort zum Regiebuch der Oper Mahagonny*, 1930），重印收录于《库尔特·魏尔——选集》（*Kurt Weill-Ausgewählte Schriften*），大卫·德鲁（David Drew）编，法兰克福，1975，第59页。

奥多·阿多诺在文学和戏剧杂志《前灯》(*Der Scheinwerfer*)上写了一篇长评。他写道:"《马哈哥尼》的超现实主义意图由音乐实现,从第一个音符到最后一个音符都直接指向被废弃的资产阶级世界的认识所造成的冲击。"[1] 这种音乐"由在过去的音乐废墟上完成,却完全是当下的"。[2]

在创作《马哈哥尼》和后来的《三便士歌剧》时,魏尔和布莱希特同时也在为1929年巴登-巴登音乐节投稿,这是一个"新音乐"的论坛,而且那一年的论坛主题是"应用音乐(Gebrauchsmusik)",向德国舞台和它的资产阶级观众提供了更多的实验可能性。音乐必须简单,才能让非专业人士演奏。对布莱希特和其他一些人来说,尤其是科隆广播电台台长、在巴登-巴登负责广播剧的恩斯特·哈特(Ernst Hardt),广播设备作为一种新的传播形式的技术潜力启发了他们进行艺术参与的探索。因此,布莱希特和魏尔向艺术节提交的作品《林德伯格一家的飞行》——一个为电台构思的戏剧,但在巴登-巴登的舞台上进行了首演——就是通过形式和内容上的技术展示一种整体的进步。这场著名的横跨大西洋的飞行被演绎为飞行员、他的机器和那些制造机器的人之间的通力合作,而非个人的成就,

---

[1] 西奥多·阿多诺,《前灯》,iii卷,1930年4月13日,重印收录于怀斯,《批评中的布莱希特》,第114页。
[2] 怀斯,《批评中的布莱希特》,第115页。

而广播成为集体制作的典范,将舞台上呈现的叙事转化为交流实践。布莱希特在给哈特的信中解释了他的计划:《林德伯格一家的飞行》"至少可以从视觉上展示听众参与广播艺术的可能性"。舞台被分为三个部分:在写着"广播"的横幅下,聚集着叙事者、歌手和乐手;在写着"听众"的牌子下,一个衣着随意的人,坐在一张桌子前,拿着乐谱,哼着歌,说着话,唱着"林德伯格的部分";而在中间,一些关于广播使用的格言被投影到一个大屏幕上。其中包括:"有思想的听众遵循以下基本原则才能参与到音乐中来:行动优于感觉,当他阅读乐谱,补充缺失的声音,要么安静地看着谱子,要么和别人一起大声歌唱。"[1] 在《林德伯格一家的飞行》首演前的演讲稿中,布莱希特进一步界定了观众的角色:听众要"负责适于教育自己的部分"。[2] 这种强调自我教育而非重新生产依赖性和观众的被动性,源于魏玛关于教学法改革(Reformpädagogik)的讨论。布莱希特熟悉教育改革家约翰·海因里希·裴斯泰洛齐(Johann Heinrich Pestalozzi)的著作,并藏有让·雅克·卢梭(Jean-Jacques Rousseau)和弗朗茨·诺依曼(Franz Neumann)等人的相关书籍。

将经验融入教学,不仅意味着知识不单单来自于外

---

[1]《致恩斯特·哈特》(1929);GBA, xxviii 卷, 第 322—323 页。
[2] 重印收录于雷纳·斯坦威格(Reiner Steinweg)编,《布莱希特教育剧的模型:证书、讨论、体验》(*Brechts Modell der Lehrstücke: Zeugnisse, Diskussion, Erfahrungen*),法兰克福,1976,第 40 页。

《林德伯格一家的飞行》排练，巴登-巴登，1929。

部——就像学生只需要看到，剥离他们错误的观念就像摘掉眼罩一样——其中大半还包括异化的经验：实然和应然之间的关系、现实和理想之间的关系、意识形态和日常之间的关系。对布莱希特来说，最终目标是让一个集体审视自己的状况，并描绘出其变革可能性的参数。这种审视是一个积极的、参与性的过程："教育剧通常是通过被扮演而非被观看实现教育的。"这就是布莱希特指出的核心，"原则上，教育剧不需要观众"。[1] 不需要观众的想法源于布莱希特的马克思主义老师科施的影响，科施自20世纪20年代中期就主张批判性地审视马克思主义中理论与实践的关

---

1 《关于教育剧的理论》（*Regarding the Theory of the Learning Play*, 1937），GBA，xxii卷，第351页。

系。[1] 所有权（Eigentum）的概念被具体地扩展到植根于无产阶级生活经验和所需思想的生产。因此，Eigentum 最好翻译为"自我"，而布莱希特教育剧的目标是一个由历史塑造且可以改变的主体的"自我意识（Eigensinn）"的形成。[2]

在同一届巴登-巴登艺术节上，布莱希特还演出了与音乐家保罗·辛德米斯共同创作的《巴登-巴登关于契约的教育剧》。在这里，"教育剧不需要观众"的说法得到了更彻底的体现。这部戏使用了字幕和电影投影，作者和作曲家在舞台现身，直接向演员和乐手发出指令，试图激起观众的兴趣。这些尝试招致了严厉的批评。根据汉斯·艾斯勒的说法，一位评论家在座位上晕了过去，盖哈特·霍普特曼在一段一个小丑被另两个小丑锯掉四肢的插曲中（尽管很明显，被锯掉的都是木头）厌恶地走了出去。当观众在奈尔展示死人图像时变得焦躁不安时，如布莱希特所说，这些照片展示了"在我们这个时代，人类如何被人类屠杀"，剧作家让播放员在投影结束后立即重复一遍这些图片。观众们（Die Menge），在乐谱中被列为表演者之一，要在死亡画面之前回答合唱团提出的关于人类是否存在同

---

[1] 参见《马克思主义与哲学家》（*Marxismus und Philosophie*，1923）和《马克思主义的危机》（*Die Krise des Marxismus*，1931），《新德国批评》3，1974 年秋，第 7—11 页。

[2] 《关于教育剧的理论》（1937），GBA，xxii 卷，第 351 页。关于 "Eigenisnn" 及它与历史关系的讨论，参考奥斯卡·内格特和亚历山大·克卢格，《历史与固执》，法兰克福，1993。

情心的问题，他们齐声高呼："人不帮人！"[1] 一位作家公开宣称，布莱希特创作的不是教育剧，而是空洞剧（Leerstück）。[2] 然而布莱希特自己也从中学到了一些东西：观众可能在理智上知道艺术否认一切现实，但在面对任何被暂时压抑的经验时，还是会感到愤怒。

"校园歌剧"《说是的人》是魏尔和布莱希特为1930年柏林"音乐日"音乐节创作的，这一届音乐节以"音乐与教育"为主题，展出的作品试图融合作曲与表演，以实现教学法改革运动的建设社区的目标。随后，柏林卡尔-马克思学院的学生合作修改了这部歌剧。这个学院由当时德国进步教育的领军人物之一弗里茨·卡森（Fritz Karsen）运营。在卡森的领导下，卡尔-马克思学院为工人提供了通过夜校取得高中学位的机会，并在1929年建立了一所公立综合学校，与学生合作开发"生产性集体工作"的课程。[3] 卡森认为，新教学法的"核心项目"是"通过社会工作（gesellschaftliche Arbeit）来改造社会、提升社会"。教育的内容和方法要从学生的生活领域（Lebensgebiete）中提取，从而与特定的当地和历史经验、学习者的利益实现了连接。

---

1 《巴登-巴登关于契约的教育剧》（*The Baden-Baden Teaching Play on Agreement*，1929），GBA，iii 卷，第30页。
2 艾尔莎·鲍尔（Elsa Bauer），《评论》，《巴登杂志》（*Badische Zeitung*）1929年7月30日，重印收录于怀斯，《批评中的布莱希特》，第97页。
3 弗里茨·卡森，《作为一个集体的社会工人学校》（*Die soziale Arbeitsschule als Lebensgemeinschaft*，1930），重印收录于《教育运动中教学法的问题》（*Das Problem der Unterrichtsmethode in der pädagogischen Bewegung*），乔治·盖斯勒（Georg Geissler）编，魏恩海姆，1970，第112页。

这种生活领域的概念，以及由此延伸出来的生活关联（Lebenszusammenhang）——奥斯卡·内格特和亚历山大·克卢格1972年在探索无产阶级公共领域中使用的术语——是德国从科施和布莱希特到20世纪60、70年代，重新理解马克思主义的渐进式发展的关键。

《说是的人》的首演在国家教育教学中心机构（Zentralinstitut für Erziehung und Unterricht）举行，并由柏林电台现场直播，演出取得了巨大的成功，青年合唱团、乐器演奏家和作曲家都饱受赞誉。批评家们称它完成了怀疑论者们宣称为不可能的东西：一种在美学上复杂、同时具有应用功能的音乐……而在另一方面，布莱希特的剧本和戏剧内容却遭遇了普遍的反对。这部"校园歌剧"再次审视了个体向宏大利益的妥协，其灵感来源于日本能剧，起因是伊丽莎白·霍普特曼发现了能剧的英译本，并在1928年到1929年将之改译为德文。能剧高度风格化，其演出反幻觉，在开放的、光秃秃的舞台上演出故事和神话，展现经验和形而上之间的矛盾与联系，并且常以佛教僧侣接受衰老或者武士自我牺牲来表现尘世生命的稍纵即逝。《说是的人》讲述了一个领队的师父为了拯救社区，进山寻找药方并采药的艰辛故事。一个年轻的男孩自己母亲生着病，却不顾劝阻，坚持要参加这次危险的旅途。但攀爬对男孩来说过于艰辛，在他无法继续让人背着走时，按照古老的习俗，他同意牺牲并坠落深渊。布莱希特的故事被认为是"保守的",教导一种"盲目服从"。[1] 这部戏目的是让演员们自我检视;布莱希特要求演员和观众都对自己的决定、态度和行为负起责任。"契约"(Einverständnis)与其说是一种自我牺牲,不如说是一种责任和主体性的接受。布莱希特将"教育剧"描述为不需要观众,使得学术界将这种戏剧与史诗戏剧区别开来,前者被视为指向未来乌托邦式的社会主义社会的作品,此时作为可能与现实之间的中介的艺术已然被抛弃。[2] 但这种区别的悬置应该理解为扬弃(Aufhebung),即在理论与实践的统一中实现对区别的超越。正如布莱希特在1930年一篇未发表的文章《大学习与小学习》(*The Great and the Small Learning*)中所解释的那样:"大学习完全改变了表演的功能。它否定了演员与观众的交互系统。从此,有且仅有演员是学习者。"[3]

在吸纳了卡尔·马克思学院的学生给出的意见之后,1931年春,《说是的人》诞生了第二个版本。学生们批评说,这样仪式性的牺牲既不现实,也没有必要。有人建议:"可以用这个剧本来表现迷信的危害。"[4] 有的人则要求团

---

[1] 弗兰克·沃绍尔(Frank Warschauer),《评论》,《世界舞台》(*Die Weltbühne*)1930年7月8日,重印收录于怀斯,《批评中的布莱希特》,第128页。
[2] 见雷纳·斯坦威格,《教育剧:布莱希特关于政治性审美教育的理论》(*Das Lehrstück: Brechts Theorie einer politischästhetischen Erziehung*),斯图加特,1972;以及海因里希·贝伦贝格-高斯勒(Heinrich Berenberg-Gossler)、汉斯-哈拉德·穆勒(Hans-Harald Müller)、约阿希姆·斯托奇(Joachim Stosch)《教育剧:理论重构或教育连续?》(*Das Lehrstück: Rekonstruktion einer Theorie oder Fortsetzung eines Lernprozesses?*),《布莱希特研究》(*Brechtdiskus-sion*),J. 迪克(J. Dyck)等编,克伦贝格/陶努斯,1974,第121—171页。
[3] GBA,xxi卷,第396页。
[4] GBA,xxiv卷,第94页。

队应该更团结，尤其是相对弱小的成员。修改后的剧本包含了更多探险队成员们的商议，理智与感情上的反应，对原则和必要性、意图和情境、社会和个体责任的更广泛的讨论。最终，那个男孩还是死了。

1931年夏天，布莱希特推出了第三个版本《说不的人》，这一次采用了截然不同的方式处理"契约"。这一次，男孩在出发前特别承诺，如果有什么事情发生在他身上，他将沉着地接受自己的命运。但当他病倒必须面对自己的承诺时，他更改了自己的约定。当其他人要求说"a"的人必须说"b"时，男孩回答说："我给你的答案是错的，但你的问题更是错。说'a'的人不一定会说'b'。说'a'的人意识到，一开始说'a'就是错的。"反对服从和默许契约，这个男孩提出要有"在每一个新的情境下重新思考的习惯"。[1] 在这一版本中，男孩拒绝被牺牲，这个团队也没有离他而去。

布莱希特的剧作《措施》则被认为是《说是的人》的另一个版本，这是他1930年与艾斯勒和导演斯拉坦·杜铎（Slatan Dudow）共同创作的"具体化"成果，正如布莱希特和艾斯勒所宣称的那样，这部剧表现了对当时无产阶级运动的"亲近"。制片人向柏林新音乐节提交了这部戏，但音乐节组织方表示对文本持保留意见，随后他们将之撤回。

---

[1] GBA，iii卷，第71页。

在一封公开信中,布莱希特和他的合作者们解释道:

> 我们将所有附属物从这些重要的演出中剥离,让这出戏为他们而生、也只对他们有用的那些人去写这出戏:工人合唱团、业余剧团、学生合唱团和学校管弦乐队,就是那些既不为艺术付费也不通过艺术盈利、但想创作艺术的人。[1]

这部戏于 1930 年 12 月在以"促进国际革命艺术和文学"为宗旨的名为"国际论坛"(Internationale Tribüne)的机构支持下进行了首演,演员阵容包括布莱希特的妻子海伦·魏格尔、由技工转为演员的恩斯特·布什(Ernst Busch)和前糕点师亚历山大·格拉纳赫(Alexander Granach),加上三个工人合唱团和一个混合管弦乐队助阵,在一个形同拳击比赛场一样的舞台上演出。节目单上,布莱希特概述了这部戏的内容和目的:四名年轻的激进分子被指控杀害了一名同伴,他们必须在合唱团所代表的法庭前排练他们的动作、论点和态度。布莱希特写道:"因此,教育剧的目的是展示政治上不正确的行为并教导合适的做法。这场演出是为了让大家讨论这样的事件是否具有教学价值。"[2] 节

---

[1] 《致 1930 柏林新音乐的艺术总监海因里希·伯卡德、保罗·辛德米斯、乔治·舒那曼的公开信》(*Open Letter to the Artistic Directors of the New Music Berlin 1930*, *Heinrich Burkard, Paul Hindemith, GeorgSchünemann*),《柏林证交报》1930 年 5 月 12 日;GBA,xxiv 卷,第 98 页。

[2] GBA,iii 卷,第 71 页。

目单还附有一份调查问卷，询问观众关于戏剧、演员和观众的关系，并邀请观众对这出戏提出建议。斯特恩伯格回忆说，布莱希特在每场演出后都会带领观众进行讨论，把学与教的行为变成了一种对等互利的活动。

《措施》因其创新的音乐设计和演员的表演而受到称赞。但鉴于20世纪30年代初德国的整体气氛，尤其是民族主义和法西斯主义将契约变形为极权主义对个体参与历史进程的篡夺，因此，批评家要么无视布莱希特的文本和戏剧内容被拒绝讨论，要么指控剧作家"原始主义"或者"对我们的文化价值是一种危险的污染"，这些都不足为奇。[1] 第二次世界大战后，布莱希特甚至遭到了更严厉的批评。20世纪40年代末，奥地利共产党前党员、机关刊物《警钟-红旗》（*Der Weckruf-Die Rote Fahne*）的出版人露丝·费舍尔（Ruth Fischer）出面指控她的哥哥汉斯·艾斯勒和布莱希特，称《措施》是"1936年莫斯科审判'作秀'的预演"。[2] "在《措施》中，他展示了无辜、善良、出于愤怒跑来帮忙的人是如何、以及为什么被杀害的。"[3]

20世纪30年代初，工人阶级被失业和贫困削弱，左派政党因内讧四分五裂，未能实现革命性变革所需要的团

---

1 分别引自《德意志大众报》（*Deutsche Allgemeine Zeitung*）、《慕尼黑最新消息》（*Münchener NeuesteNachrichten*）、《柏林日报》（*Berliner Tageblatt*）上刊载的评论，转引自GBA，iii卷，第441页。
2 露丝·费舍尔，《斯大林和德国共产主义》（*Stalin und der deutsche Kommunismus*），法兰克福，1948，第760页。
3 汉娜·阿伦特，《黑暗时代的人们》，纽约，1955，第240—241页。

结一致。与此同时，德国资产阶级表面上是自由与平等理想的保护者，事实上却袖手旁观。包括恩斯特·荣格尔（Ernst Jünger）和卡尔·施米特（Carl Schmitt）在内的作家，都忙于为另一种集体主义和契约奠定意识形态基础。荣格尔根据他在第一次世界大战期间的前线经历，写出了《钢铁风暴》（*Stahlgewitter*，1920）和《内心之战》（*Der Kampf als inneres Erlebnis*，1922）等著名作品。这些作品将战争歌颂为"火的洗礼"，由此诞生了一个永恒的德国，死亡也成为了一种精神共同体的准色情形式。[1] 在与阿道司·赫胥黎（Aldous Huxley）的《美丽新世界》同年出版的《工人》（*Der Arbeiter*，1932）一书中，荣格尔将工人描述为一股取代资产阶级价值观的力量，包括个人主义、民主自由主义和社会契约，替代以全面动员、全面同步和全面服从，为混乱的魏玛社会提供了一种同一性。

哲学家施米特则宣扬一种基于敌友关系斗争的政治概念。施米特认为，国家将自然的斗争转化为以保护作为交换的服从。但是，施米特对将例外变成规则（正如法西斯主义所做的那样）并不感兴趣，而是把对立发挥到极致：对施米特来说，军事化斗争将破坏所有虚假的冲突，无论是在议会上、艺术中还是经济领域。斯拉沃热·齐泽克（Slavoj Žižek）1999年用令人难忘的"正当的政治"描述施

---

[1] 恩斯特·荣格尔，《内心之战》（*Der Kampf als inneres Erlebnis*），柏林，1922，第12页。

米特。[1] 这就是布莱希特和施米特的区别所在，也是契约作为协议和默许之间的区别：施米特提出了一种"极端政治"，国家与外部敌人势不两立，而布莱希特则坚持社会体内部的斗争，所有社会成员都有可能凭借其能力和占有物质和非物质手段的所有权来参与社会对抗，从而践行"正当的政治"。对布莱希特来说，没有单一的、从一开始就存在的斗争，只有多样的、由历史决定的斗争。[2]

《措施》提供的是具有自我意识的学习，而非荣格尔式的"自我遗忘的训练"。[3] 布莱希特追求的是对关系的掌握，而非通过升华来掌握自然。在批评家朱利叶斯·巴布（Julius Bab）1931年为这部戏的不同演出版本（布莱希特持续地改写剧本）写的评论中，他评论剧作家实现了"用戏剧手段表达一种集体性经验"。[4] 更重要的是，布莱希特提供了一种集体性的经验，在这里经验和集体本身也被批判性地审视着，判断本身也被评判着；当理论被应用在人类和关系、观众们当时生产并生活着的社会现实上时，它被作为一种素材加以展示。

---

[1] 斯拉沃热·齐泽克，《后政治时代的卡尔·施米特》（*Carl Schmitt in the Age of Post-Politics*），《卡尔·施米特的挑战》（*The Challenge of Carl Schmitt*），尚塔尔·墨菲（Chantal Mouffe）编，伦敦，1999，第27页。
[2] 同上。
[3] 彼得·斯洛特迪克，《犬儒理性批判》，明尼阿波利斯，明尼苏达，1987。
[4] 朱利叶斯·巴布，《评论》，《帮助》（*Die Helfe*）5，1931年1月，重印收录于怀斯，《批评中的布莱希特》，第134页。

这个世界属于谁？——更多关于所有权的实验

1930年，布莱希特开始出版《实验》，以期刊或小册子的形式，这是他试图重新分配文化-政治生产手段计划中的一部分。这些印刷品使用廉价的印刷和装订材料，传播范围超出了传统戏剧和先锋艺术节所能抵达的人群。《实验》构成了布莱希特工作的一个核心部分，来回应动荡而派别林立的意识形态环境和经济环境中对权力与意义的斗争，回应他所经历的劳动节暴行，以及回应工人、政党、艺术如何参与革命转型的问题。这意味着从资产阶级的手中夺走文化的制作和分配权，也意味着重新定义、重新引导艺术的成果和收益。第一期《实验》第一页就申明了这个计划的目标：

> 《实验》的出版发生在这样一个时刻，一些作品的创作意图并非源于个人经历（作为"艺术作品"的作品），而更多地在于使用（或改造）特定机构和体制（作为"实验"的作品），最终用关联性解释个体的互相关联的行动。[1]

---

[1]《实验》1—3，i卷，1930，重印收录于《布莱希特：〈实验〉，1—12》，柏林，1959，第6页。

关联性的概念是布莱希特寻求将"政治"以外的领域，如社会、经济、文化和私人领域，进行政治化的关键。《实验》是一个互文性的混合物，其中包括戏剧和诗歌、短篇小说和童话、说明和记录、图表和图像、直接向观众喊话和第三人称叙事。文本中还包含了注释和评论，词句被划掉并插入新的词句，以此来揭露并展示作者身份的形式和功能。

布莱希特的实验与魏玛工人剧院（Weimar Arbeitertheater）所谓的"政治宣传"辩论相互呼应，且显然十分了解后者。"政治宣传"是 20 世纪 20 年代中期德国内部关于"如何将大众的日常生活和娱乐需求政治化"的讨论。[1] 历史学家汉斯-于尔根·格鲁尼认为，许多政治戏剧〔他提到了维兰德·赫兹菲尔德（Wieland Herzfelde）、约翰·赫特菲尔德和皮斯卡托〕的技术现代化——比如拆除第四堵墙，或架设通往管弦乐场的通道——在一些无产阶级戏剧演出中成为具有政治意义的创新，比如《红色火箭》（*Rote Raketen*）和俄国的《蓝色衬衫》（*Blauen Blusen*）："其中一切东西都是为了让体验者成为参与者。交流就在这里，因为台上的内容正是同时台下正在严肃发生的事情。"舞台建立起了和现实的联系，创造了可以实际运用的情境，舞台经验也被囊括进现实。态度和思想、语言和方法被演绎出

---

[1] 转引自汉斯-于尔根·格鲁尼，《到你上场了，同志！政治宣传戏剧——一个无产阶级大众运动》，《谁拥有世界——魏玛共和国的艺术与社会》，艺术新社编，柏林，1977，第 435 页。

来，带去工厂、酒吧，再带回舞台。舞台成为行动着的实验，既从剧场外发生的事情中汲取信息，同时也将信息输送给外界。工人剧团从观众中招募演员，而巡回演出的剧团，根据格鲁尼的说法，"反复地、自发地"孵化着新的剧团。[1]

然而，工人剧院和诸如合唱团和工人报刊的相关组织的影响，却因为社会民主党对资产阶级审美价值观念的坚持以及德国共产党不加反思的教条主义，受到了限制。对大多数工人、店员和职员来说，重新分配所有权的想法翻译到现实里意味着积累私人财产，或者参与消费文化——换句话说，通过消费参与文化。对布莱希特、斯特恩伯格等人来说，目标并不是现存的（资产阶级）理想，而是通过对这些理想失败的经验来建立一种无产阶级意识——异化的经验被表述为普遍期望与个人成就可能性之间的辩证关系，而不是一种个人的失败或道德缺陷。正如瓦尔特·本雅明在讨论《实验》时指出的那样，布莱希特笔下人物的态度和行为都来源于现实与应然之间的深渊这一经验："布莱希特希望产生革命者……从贫穷和……混合物中。"[2]

广为人知的布莱希特式人物中，譬如巴尔、加里·盖

---

[1] 转引自汉斯-于尔根·格鲁尼，《到你上场了，同志！政治宣传戏剧——一个无产阶级大众运动》，《谁拥有世界——魏玛共和国的艺术与社会》，艺术新社编，柏林，1977，第436、437、439页。
[2] 瓦尔特·本雅明，《伯特·布莱希特》（Bert Brecht，1930），重印收录于瓦尔特·本雅明，《文集》，ii/2卷，罗尔夫·迪德曼编，法兰克福，1991，第665页。

伊等,还有一个库纳先生,这个人物在几个戏剧实验和戏剧片段中都出现过,如未完成的《笨蛋》(*Fatzer*,1926—1929)和《措施》的初期版本。《库纳先生的故事》(*Stories of Herr Keuner*),或为轶事片段,或为短篇寓言,有的长度不超过一句话,1948年在《实验》杂志的三期上发表,并收入文集《日历故事》(*Kalendargeschichten*)。瓦尔特·本雅明的评论《伯特·布莱希特》是同时代关于这些文本唯一的讨论,他认为其中主人公被塑造成一个意向不明的实践者以及一种辩证态度的批判性范例。库纳先生最早的形象是思想者(der Denkende)。然而他所提供的并不是传统意义上脱离现实的思想,而是由经验启发并立即投入行动的态度和观点。第一辑《实验》声明这些小说是为了"让行为值得借鉴"的尝试。[1] 在与邻居、店主、哲学教授和敌军士兵的对话中,库纳先生思考着信仰和失业之间的关系,住宅的价值和家具的成本。他经常被尊称为老师,但他也是一个学习者,致力于现实而非原则,不断地、有策略地调整自己的态度。

根据本雅明的说法,库纳先生的名字来源于当地方言和希腊神话的混合。布莱希特回忆说,一位老师把"eu"发音成"ei",从而使得库纳(Keuner)的名字变成了无名

---

[1] 《实验1—3》,重印收录于《布莱希特:〈实验〉,1—12》,第6页。

氏（Keiner）。[1] 因此，本雅明将库纳先生与奥德修斯联系在一起，后者作为一个"外来者"，以一种有距离的视角探索"阶级国家"这个"独眼怪兽的洞穴"。[2] 此外，本雅明赞同利翁·福伊希特万格的观点，"库纳"的希腊语词根是"choinos"——意思是"普遍的，与所有人有关的，属于所有人的"，本雅明认为这说得通，"因为思考是共有的"。[3] 的确，思考是经验和知识之间的斗争，是观点和普遍真理之间的斗争；它意味着要彻底厘清被自然化了的历史、被制度化了的观念和公认的观点。新的集体性、共同性的基础不是民族身份、遗留习俗、文化惯例和传统信仰，而是作为一种前进的方式、一种生活在历史中的方式的思考。库纳先生有个坏习惯：把质疑变化变成一种态度。《实验13》（1932）中载有这样一则轶事：

《重逢》

一个许久未见的男人向库纳先生打招呼说："你一点也没变。"

"噢。"库纳先生说，脸色变得苍白。[4]

---

1 瓦尔特·本雅明，《什么是史诗戏剧？》（*What Is the Epic Theater?*）评注，1931年9月，重印收录于瓦尔特·本雅明，《文集》，vii/2卷，第655页。
2 瓦尔特·本雅明，《什么是史诗戏剧？》（i），1931，重印收录于瓦尔特·本雅明，《文集》，ii/2卷，第523页。
3 瓦尔特·本雅明，《伯特·布莱希特》（1930），第662页；《什么是史诗戏剧？》评注，第655页。
4 《实验13》，v卷，1932，重印收录于《布莱希特：〈实验〉，13—19》，柏林，1959，第101页。

和布莱希特一样，库纳先生也是一位科学家；这里的科学，正如弗里德里克·詹姆逊解释的那样，服务于实用的知识和制造的乐趣，"将不同成分组合起来、使用新的不寻常的工具的动手的快乐"。[1] 布莱希特将"科学时代的观众"描述为那些并不试图理解舞台上呈现的人而试图理解他们处于关联之中的"行动"的观众："当我想看《理查三世》的时候，我不想代入理查三世的角色，但我想在完全的陌生和不理解中观察这个现象。"[2] 而且对布莱希特来说，工具并不像詹姆逊所说的那样新奇和不寻常。重新找到的劳动的兴奋并非源于形式的新奇；能够辩证思考的工人不像业余工人那样好奇，因为他们熟悉这些物品及其生产，因为它们符合无产阶级的利益和实用性。

生产与目的的关联性是无产阶级解放的核心。关于"资产阶级与技术"之间的联系，布莱希特在1930年写道：

> 技术对资产阶级来说是陌生的。当制造机器时，无产阶级已经为塑造自我这一被否定的感受找到了一种替代物。观察一个满身油渍的工人第一次爬上汽车；他本能地理解它。一个资产阶级却几乎永远不能明白。[3]

---

[1] 弗里德里克·詹姆逊，《布莱希特与方法》，伦敦和纽约，1998，第2页。
[2] 《关于表演艺术的对话》(Dialogue Regarding the Art of Acting)，《柏林证交报》1929年2月17日；GBA，xxi卷，第279页。
[3] 《资产阶级和技术》(Bourgeoisie and Technology, 1930)，GBA，xxi卷，第373页。

库纳先生的故事是用于构建新的自我（Eigentum）和自我意识（Eigensinn）的工具。库纳先生是布莱希特所说的"全套工具"（Handwerkszeug）的一部分，正如他 1934 年 1 月写给科施的信中所说，"需要被固定下来"，可以找到，可以使用。[1]

重建劳动的集体效用的任务是布莱希特 1932 年电影《库勒·旺贝》（Kuhle Wampe）的核心，电影的副标题为："这个世界属于谁？"从一开始就预示着对所有权的意识形态和实用层面的探索。《库勒·旺贝》是布莱希特唯一实现的电影项目，是他为新的大众观众制作的作品，关注媒介制作和接受的协同特征。这部电影的一个关键做法导致了本片在 1932 年首映前和上映后引起了争议，而且在战后对让-吕克·戈达尔和莱纳·沃纳·法斯宾德（Rainer Werner Fassbinder）等电影制作人也产生了影响，同样受影响的还有由英国《银幕》杂志在 20 世纪 70 年代初发起的批判电影研究。这一关键做法是《库勒·旺贝》利用电影媒介的形式手段，如蒙太奇、组镜头、声音，阐述了无产阶级的经验不仅与资产阶级、资本主义和彻底的法西斯主义意识形态、行为和态度有关，而且与工人阶级的小资产阶级愿望和制度化了的无产阶级性有关。

在此之前布莱希特也曾经尝试过拍电影。1930 年春，

---

[1] GBA，xxviii 卷，第 407 页。

3 劳动、阶级以及同马克思主义的交锋，1929—1933　　147

在《三便士歌剧》获得成功之后，布莱希特和魏尔与尼禄电影公司（Nero-Film-AG）签订了此剧电影版的版权合同。电影公司试图利用该剧的受欢迎程度来变现，而艺术家们则考虑如何将这部作品的——用布莱希特自己的话就是"社会倾向"——充分转译入新的媒介和机制，这两者之间的冲突导致了臭名昭著的"三便士诉讼案"。在布莱希特拒绝让出该项目的控制权后，布莱希特起诉了尼禄电影公司，而电影公司则指控他违反合同。在审理过程中，剧作家获得了媒体的大力支持和同行的声援，但当诉讼案以艺术家失去控制权但获得经济补偿而告终时，布莱希特却被包括科拉考尔和路德维希·马尔库塞（Ludwig Marcuse）在内的一些人指责为狂妄自大和机会主义。[1] 在次年发表的一篇文章《三便士诉讼案：一场社会学实验》（*The Threepenny Process: A Sociological Experiment*）中，布莱希特宣称，他一开始就打算故意输掉这场审判，利用关于诉讼案的公开和讨论来揭露传统的"艺术作品"概念的荒谬性。[2] 但是，无论布莱希特出于什么样的用心，这场审判和相关的文

---

1 见齐格弗里德·科拉考尔，《一场社会主义实验？关于伯特·布莱希特的实验：三便士诉讼》（*Ein soziologisches Experiment? Zu Bert Brechts Versuch: "Der Dreigroschenprozeß*，1930），重印收录于《关于布莱希特的100篇文章》，曼弗雷德·沃格兹编，慕尼黑，1980，第138—145页；以及路德维希·马尔库塞，《布莱希特就是布莱希特》（*Brecht ist Brecht*），《每日书》，xxii/7卷，1931年，重印收录于《现今能有多古老？》（*Wie Alt Kann Aktuelles Sein?*），苏黎世，1989，第35—39页。
2 《三便士诉讼案：一场社会学实验》，《实验10》，iii 卷，重印收录于 GBA，xxij 卷，第448—514页。

本——后者本身就是布莱希特对这个事件不加掩饰的偏颇的回忆和阐释拼接而成的蒙太奇,包括许多相关发表文章中的引文片段、听证会片段节选,以及对文化-工业综合体的理论思考——有力地暴露了资产阶级意识形态与其实践之间的差异。在这里,所有权和作者的概念被披上了个人自由和艺术完整性的修辞外衣,而文化的商品化却受到司法机构的保护。这关系到艺术的无产阶级化问题——面对一个有着自己观看习惯的群体,它的可获得性和传播应该如何。电影《三便士》不仅仅是提供了一个戏剧表演的胶片版本,而且有潜力重新定义文化的获取和生产,通过将真实性和消费性相互对立,超越两者的二元对立。电影将不得不服务于艺术生产的解构,将之视为为个人沉思或集体消费而制作的个体产物,而非将旧的价值观和习惯重新嵌入新技术中。对布莱希特而言,无论是这件事情还是在其他地方,社会进步都与技术进步密不可分。

"三便士诉讼案"使得《库勒·旺贝》的整个制作过程中备受媒体关注。而在登陆魏玛的俄罗斯革命电影的启发下,如弗谢沃洛德·普多夫金(Vsevolod Pudovkin)的《母亲》(*Mother*,1926)、爱森斯坦的《战舰波将金号》(*Battleship Potemkin*,1926)和《十月》(*October*,1927)以及吉加·维尔托夫(Dziga Vertov)的《持摄影机的人》(*Man with a Movie Camera*,1929)等,布莱希特邀请《措施》导演斯拉坦·杜铎、汉斯·艾斯勒以及编剧、德共成员恩斯特·奥特瓦尔特（Ernst Ottwalt）联手。1931年，布莱希特、杜铎与普罗米修斯电影公司签订合同，该公司是一家与莫斯科和德共关系密切的制作发行公司，负责将苏联电影引进德国，已经制作了8部故事片和50多部纪录片，其中包括杜铎的报告型短片项目《柏林工人如何生活》（*Wie der Berliner Arbeiter Wohnt*，1930）。布莱希特将集体创作视为制作《库勒·旺贝》过程中不可或缺的部分。在"三便士诉讼案"中，他就曾宣称电影的集体创作是一种"进步"的必然性："事实上，只有一个创作集体才能制作出能使'观众'成为集体的作品。"[1]（布莱希特提到的多元集体再次强调了新社会形态的历史偶然性和情境特征，而不基于单一的、静态的、同质化的原则）。杜铎回忆说，在这种动态的工作中"决定因素是讨论，而非权威"。[2] 这些电影制作者们在1932年的一份公告中宣称："我们越来越发现电影的组织工作是艺术工作的一个重要部分。唯一的原因在于这个作品整体是一个政治性的作品。"

这篇文章还描述了影片的内容：《库勒·旺贝》"由四个独立段落组成，中间以不同的音乐隔开，配以移动的房屋、工厂或风景图像。"[3] 第一段落是一个失业青年竞聘工

---

[1] GBA, xxi卷，第479页。
[2] 转引自伯纳德·艾森希茨（Bernard Eisenschitz），《〈这个世界属于谁？〉电影的空间》，《银幕》，1974夏季刊，第69页。
[3] 《有声电影〈库勒·旺贝〉或〈这个世界属于谁？〉》（*Sound Film Kuhle Wampe or Who Does the World Belong to?*，1932），GBA，xxi卷，第545页。

作和他的自杀；第二段落讲述他的家庭被驱逐，迁往柏林外郊的帐篷营"库勒·旺贝"，在那里女儿怀孕了，随后订婚；第三段落刻画了"具有显著政治性"的"无产阶级体育竞赛"，由 3000 名现实生活中的工人运动员呈现的"激烈的大众娱乐"，其中第二段落的年轻情侣在女方流产后放

布莱希特（坐着）和汉斯·艾斯勒、斯拉坦·杜铎在《库勒·旺贝》的制作过程中，1932。

弃了结婚的计划。第四段落讲述了一段发生在拥挤的有轨街车上关于销毁过度生产的商品和农作物的争论，争论发生在年轻工人、办公室文员和中下层人民与更为保守的德国中产阶级之间。

《库勒·旺贝》之所以能成为电影的里程碑，获得审查人员的高度关注，成功激怒左派和右派的评论家但同时也启发着后世的艺术家，原因就在于它批判性地审视了社会现实的生产，或者如电影学者伯纳德·艾森希茨所说，审视了"典型"与姿态（Gestus）之间的关系（后文将详细展开）。[1] "典型"意味着从一系列特定情境中自然而然产生的行为举止：以《库勒·旺贝》为例，年轻的伯尼克的自杀就是如此。自大萧条开始，德国的失业人数急剧上升。1931年1月的统计数据表明，一天之内就有8名失业者自杀。[2] 到1932年2月，约有44％的适工人口（超过600万人）失业。饥饿和绝望无处不在。在影片中，伯尼克的一位邻居直视镜头，以一种失败者的姿态陈述事实："少了一个失业者。"

杜铎的《柏林工人的生活》展示了在与富裕人群奢靡生活的直接对比下，大都市工人阶级的生活状况，而前者被塑造成无产阶级困境的原因。而《库勒·旺贝》则展示了一幅更微妙的作为意识形态内部斗争的阶级斗争图景。

---

[1] 艾森希茨，《〈这个世界属于谁?〉》，第65页。
[2] 同上。

库勒·旺贝打牌的男人们，位于柏林米格尔湖地区的帐篷营，1929。

与典型不同，姿态是一种将"自然"表现为被决定的行动，有所来源同时也产生影响。它具有一种自我反思的探究效果："当你展示——这就是它的样子，用能够让观众这样提问的方式展示它——但它就是这样的吗？"[1] 当年轻的伯尼克跳楼自杀时，他先是停顿了一下，摘下手表，小心翼翼地放在一边。据导演兼影评人伯恩哈德·赖希说，1932 年该片在莫斯科首映时，俄罗斯观众不明白为什么一个拥有手表的人会自杀。[2] 这则轶闻很能说明问题：《库勒·旺

---

[1] 《第二次救助》(*The Second Helping*, 1930)，GBA，xxi 卷，第 390 页。
[2] 赖希的评论转引自沃夫冈·格施 (Wolfgang Gersch) 和维尔纳·赫希特编，《〈库勒·旺贝〉或〈这个世界属于谁?〉电影日志与材料》(*Kuhle Wampe oder wem gehört die Welt ? Filmprotokoll und Materialien*)，莱布尼茨，1971，第 215 页。

贝》指出，魏玛共和国晚期的不公正不仅是直接的经济和政治剥削造成的，而且也源于某些人认为自己无力达到资产阶级公共领域所规定的社会标准与意识形态真理造成的异化。私有制、财产和成功的理想，既是他行动的根源，也是他无力养活父母和妹妹的原因。在帐篷营里，每个家庭都拥有自家的一件庸俗的小物件，并无微不至地呵护着，可见其道德视野仍然是彻头彻尾的布尔乔亚式的。阶级意识作为一场态度之争的概念贯穿了整部作品，而鉴于国家社会党在1930年和1932年选举中的成功，阶级意识成为任何社会革命概念中一个令人不适却又至关重要的考量。

蒙太奇以一定顺序的拼接，成为电影中片段式结构的整体形式，暗示了贯穿全片的无产阶级态度与观点的模糊性和矛盾性。这些场景作为片段或情境与许多其他场景一起出现，但没有任何解决矛盾的高潮。像库纳先生一样，布莱希特将典型的、可获得的材料组装起来，同时又拆解了其典型性的源头。电影史学家沃夫冈·格施对此评价说：

> 对《库勒·旺贝》来说，表现无产阶级悲惨的生活状况不是目的，而是对此进行全面的、批判性的、动员性的阐释的前提条件。环境获得了新的功能。它不再像以前的社会批判电影那样，不间断地刻画——它引述。[1]

---

[1] 沃夫冈·格施，《布莱希特的电影》（*Film bei Brecht*），柏林，1975，第120—121页。

引述的做法还包括重复使用蒙太奇,以平移镜头形成与动作的对比,以静止画面强调电影构图。艾斯勒的音乐与动态影像间有一部分是不和谐的。他解释说:"音乐的对比……与仅仅蒙太奇化的画面,造成一种冲击,有意唤起更多的对抗意识而非感同身受的感伤。"[1] 对抗是影片最后段落的主旨,结尾中有轨街车里的一个"右派政治家"冷嘲热讽地问年轻的无产者们说:"那谁来改变世界呢?"其中一个工人回答说:"那些不喜欢它的人。"[2]

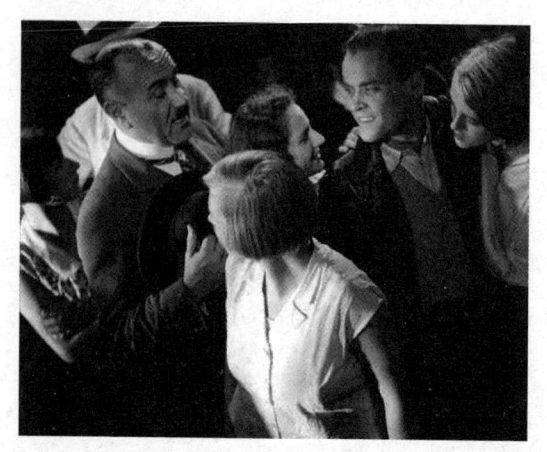

《库勒·旺贝》(1932)街车段落剧照。

---

1 西奥多·阿多诺和汉斯·艾斯勒,《电影配乐》(*Komposition für den Film*),汉堡,1996,第48页。
2 《库勒·旺贝》,GBA,xviii卷,第570—571页。

《库勒·旺贝》清楚地指出了政治斗争的矛盾性和含糊不清——在现有的世界观和态度之间，在理所当然的真理和它们对建构、权力和环境的依赖之间的斗争。期望与经验之间的差异所产生的异化提供了不和谐的场域，却也提供了重新拥有自我和意义的机会。在20世纪30年代初风云变幻的德国，这种具有启发意义的争论引起了相当大的不适。当时的路线要求明确，要求从经济、心理、理性和其他方面的困难中得到喘息的机会。1932年3月，柏林电影审查局（Berliner Filmprüfstelle）拒绝批准《库勒·旺贝》的发行，称该片的某些地方需要处理，因为它"威胁公共安全和秩序以及国家的重大利益"。[1] 经过几次听证会和公众抗议（整体而言反对审查制度，另有专门针对《库勒·旺贝》的抗议），胶片被剪掉了几米，影片才得以获批。

在5月的莫斯科首映式上，布莱希特对冷淡的反应感到失望，因为观众和影评人都期望并要求着一种更加欢庆和更明显的电影革命形式。然而，当月晚些时候在德国上映时，这部电影却获得了成功。该片在中庭剧院（Atrium theater）的放映期被延长，并进一步登陆柏林的其他15家电影院，以及巴黎、伦敦和阿姆斯特丹的电影院。影评家们的分歧可想而知。资产阶级报刊称《库勒·旺贝》是

---

[1] 转引自雅恩·克诺普夫编，《布莱希特手册五卷本》，斯图加特，2001，iii卷，第440页。

"公开的马克思主义政党的狂欢"。[1] 在审查程序中为电影制作者们说话的记者鲁道夫·奥登（Rudolf Olden）惋叹道："不，赤贫，真正的赤贫没有被展示出来。"而作家海因茨·吕德克（Heinz Lüdecke）在《红旗》上撰文，称这部电影是"一次重要的尝试"，但也错误地"歪曲了无产阶级的形象，集中展示了小资产阶级的生活方式，而工人阶级却被表现得有些苍白、笼统和理想化"。[2] 一些参与了影片拍摄的工人运动员致信电影公司，抗议这部"改良片"，宣称影片所描写的从凄惨的赤贫到光荣的自然的转变，就像把他们的阶级斗争简化为在有轨电车里讨论咖啡一样，而这仅仅是他们现实生活的很小一部分："作为有阶级意识的工人，我们坚决反对这部影片，因为它完全是以一种屠夫的姿态来描写我们的运动生活和生活态度。"[3] 1933 年 3 月 26 日，《库勒·旺贝》和其他一些影片被以"保护人民和国家"为由禁映。[4] 国家社会党的巴伐利亚电影局提交的禁映申请将这部作品列入"纯粹共产主义内容"的电影片名单。[5]

布莱希特在纳粹的黑名单已经好几年了，而且在 20 世

---

1 《评论》，《德意志大众报》1932 年 5 月 31 日，转引自 GBA, xix 卷，第 727 页。
2 鲁道夫·奥登，《库勒·旺贝》，《柏林日报》1932 年 4 月 2 日；海因茨·吕德克，《秋天的周末库勒·旺贝：有声电影仍然只有媚俗与谎言》（*Der Fall Weekend Kuhle Wampe; Tonfilm weiterhin für Kitsch und Lüge reserviert*），《红旗》1932 年 4 月 3 日；均转引自 GBA, xix 卷，第 727 页。
3 转引自 GBA, xix 卷，第 727 页。
4 转引自雅恩·克诺普夫，《布莱希特手册》，iii 卷，第 443 页。
5 同上。

纪 30 年代初，他愈加发现自己的作品受到反动势力的阻挠。1930 年，褐衫党[1]打断了《马哈哥尼》的演出，虽然抗议活动未能导致剧目取消，但其他剧院也收回了上演此剧的约定。1931 年，由于观众中法西斯成员造成的骚乱，《人是人》在柏林剧院（Berliner Schauspielhaus）的首演以及随后的演出计划不得不终止。1933 年 1 月，无产阶级剧团斗争集体工人演唱团（Kampfgemeinschaft der Arbeitersänger）在爱尔福特的国会剧院（Reichshallentheater）表演《措施》，因为被指责为共产主义政治宣传，导致演出取消，组织者被以叛国罪起诉。这时布莱希特决定，该离开了。随着剧院、报刊和其他创作交流场地的可得性越来越受到限制，面对自己被迫终止的实验，不同的制作人选择了不同的道路：有的人离开了这个国家，有的人选择进入有争议的"内在流亡"，还有不少人则选择加入法西斯。1933 年 2 月 28 日，国会纵火案[2]的第二天，布莱希特和魏格尔带着儿子斯特凡逃往布拉格。1933 年 5 月 10 日，布莱希特的书被焚毁，次日，他的全部作品被禁。

---

[1] Brown Shirts，代指身穿褐色制服的纳粹党徒，最初是纳粹党的半军事组织，在 20 世纪 20 年代和 30 年代希特勒的崛起中起到了关键作用。他们主要任务是保护纳粹党人及其集会，并骚扰、破坏敌对政党如红色阵线同盟和德国共产党的集会、活动，并且有鲜明的反犹主张。（译者注）
[2] 国会纵火案（Der Reichstagsbrand）是德国建立纳粹党一党专政独裁政权的关键事件，发生在 1933 年 2 月 27 日。希特勒和戈林及其党羽宣称这起纵火案是共产党人所为，并借机宣布全国进入紧急状态，要求总统兴登堡签署《国会纵火法令》，取消大部分魏玛宪法赋予总统的权利。（译者注）

4　早期流亡:"歌唱黑暗时代",
1933—1941

讲述真相

大约在1933年秋天的丹麦,也就是出逃的几个月后,布莱希特在《非政治信件》(*Unpolitical Letters*)中总结了自己作为流亡作家的处境。离开德国,他担心自己会失去他的语言、他的舞台和他的观众。自从意识到它们在阻止纳粹崛起时的无能为力,他也在思考文字和图像、诗歌和戏剧是否是对抗纳粹的有力武器。在《非政治信件》中,他用苦涩的讽刺口吻评论德国事态的发展:

> 我觉得自己相当多余,对周围环境的仔细观察以及几次走访使我惊觉这样一个事实,正如在人民(Völker)的生活中偶尔会发生的那样,现在一个真正伟大的时代已经拉开了

序幕，而我这种人只会扰乱这伟大的图景。[1]

布莱希特狡猾而暧昧地将自己置于不被需要和没有用处之间，然而许多学者将他从魏玛著名剧作家到失去了人民的诗人这一突然转变，解释为布莱希特自己对马克思主义的痛苦拒绝，以及在面对未能完成革命使命的工人阶级、以社会和精神进步为使命却惨遭溃败的先锋艺术时，所产生的一种麻痹神经的幻灭感受。

布莱希特在斯堪的纳维亚半岛的岁月里——先是在丹麦，后来又在瑞典和芬兰短暂停留，期间访问了巴黎、伦敦、纽约和其他地方——在各种文类、媒介和风格上都有惊人的高产，这部分源于他对谁来阅读、观看和参与以及艺术还能提供什么的问题理智的、务实的焦虑。在流亡的第一阶段，他创作了十多个剧本、录制广播节目、设计传单、写书、合成照片，并写了数百首诗和五百多篇（大部分未发表的）散文、报告及其他文本，涉及了每一个可能的主题，包括人权、艺术的顺从、以理性对抗、无产阶级住房和乌托邦、战争和现实主义写作。他的高产当然也是一种反抗的行为，是一种破釜沉舟（trotz alledem）或不顾一切。但也正是在他流亡的不确定性中，他对艺术生产和传播技艺和技术的探索在这一时期得到强化。他坚持批判

---

[1] GBA，xxii 卷，第 13 页。

性分析，坚持面向构成复杂的公众和观众，以此对抗他和他的同代人遭遇的字面意义以及隐喻层面的无声状态。布莱希特用《斯文堡诗集》(*Svendborg Poems*, 1939) 中的这样几句话，回应在法西斯主义势不可挡的情况下应该做些什么的问题：

> 黑暗时代里，
>
> 还会有歌声吗？
>
> 是的，还会有歌声。
>
> 歌唱黑暗时代。[1]

离开柏林后，布莱希特和他的家人从布拉格辗转到维也纳，魏格尔的家人也住在那里；在那里他们遇到了艾斯勒、斯特恩伯格、出版商彼得·苏尔坎普（Peter Suhrkamp）和卡尔·科劳斯（Karl Kraus）。但尽管亲友相处的环境相对舒适，剧作家还是认定维也纳不是他工作的地方。在短暂地考虑前往瑞士流亡后，应库尔特·魏尔的邀请，他前往巴黎住了几个月，并与威尔一起创作了一部名为《七宗罪》(*The Seven Deadly Sins*) 的芭蕾舞剧，该剧于1933年6月7日在香榭丽舍剧院（Théâtre des Champs-Elysées）首演。这让剧作家赚到了一些钱，但他认为这个作品在其他

---

[1] GBA, xii卷，第16页。

方面并不重要。布莱希特喜欢巴黎，但在这里工作的可能性微乎其微，于是举家搬到了丹麦的图尔岛，住进了作家卡琳·米凯利斯（Karin Michaelis）的房子里，她同时还接待了布莱希特的《库勒·旺贝》同事恩斯特·奥特瓦尔特和作家汉斯·亨尼·雅恩（Hans Henny Jahnn）。

因为作品在德国被禁，而曾经合作的出版社不愿意或无能力支付版税，布莱希特十分穷困。很多人破产了。布莱希特和魏格尔8月在丹麦买的住房由双方父亲支付了部分房款。伊丽莎白·霍普特曼留在柏林，处理布莱希特夫妇的房产，负责保管遗留下来的手稿。她曾被盖世太保短暂逮捕，于12月逃往巴黎，随后与布莱希特短暂地闹翻了，因为他指责她对自己的东西照顾不周。玛格丽特·斯蒂芬，一位有着工人阶级背景的年轻共产主义女演员，同时也是布莱希特的情人，也逃到了巴黎。斯蒂芬曾经是、也将继续是布莱希特作品的重要合作者，他为她写了大量的十四行诗表达爱意，而因为她患有慢性肺结核，布莱希特还表达了他对她的幸福负有责任。他们的亲密关系几乎使布莱希特与魏格尔的婚姻破裂，至少使两者之间的关系持续紧张。

尽管布莱希特一直认为自己是个怪人或局外人，甚至在那些与他有共同艺术和政治理念的人中也是如此，但他在流亡中产生的对20世纪初德国社会和文化的疏离感表征于存在的层面。布莱希特在字面意义上、尤为重要的是在

布莱希特（中）戴着帽子，在卡琳·米凯利斯借给他的房子里，图尔，丹麦，1933。

意识形态上，变为一个游牧者。从外部观察事物，寻找新的视角和新的描述语言的任务变得前所未有的紧迫。

在《库勒·旺贝》中，布莱希特已经阐明了一个不同的公共领域概念，承认存在一个复杂而碎片化的无产阶级，超越传统的阶级界限，容纳年轻且有组织的工人、白领工人、失业者，也容纳对集体生活和再分配所有权的观念更接近小布尔乔亚（kleinbürgerlich）而非革命的老一代人。因为将公共领域理解为一个具备关联性和累积性而非本质性、且具有历史特殊性的概念，布莱希特能够将德国法西斯主义现象看作是对现有的以及往往是潜在的社会心理倾向、传统、希望和恐惧等多方面的挪用和利用，呈现出一种变态的但可以理解的发展轨迹，并能够对之做出回应。比如说，大量的失业工人中，许多人不再是工会成员或以其他方式组织起来,而且似乎发现德共所说的不可避免的革命诺言越来越渺茫,日常经验和意识形态之间日益扩大的鸿沟造成了一种难以克服的疏离感,很多情况下这种疏离感最终导致了向法西斯主义的转向,更具体地说,是转向法西斯准军事部门——冲锋队(Sturmabteilung,缩写为SA)。SA不仅提供了一种新的人生观,完整地包含了同志情谊、过往的神话和对抗内外敌人的光荣使命,而且提供了衣服、食物和住宿。而魏玛工人阶级的政党、工会、俱乐部和组织,以及他们众多的中产阶级同行,要么不愿意、要么不能够充分地化解历史的矛盾,提供一个立即达成满足的意识形态方案。同时,纳粹党成功地将自己打造为彻底的反议会政治者,从而把自己排除于这个据称使德国自1918年以来走向衰落的制度之外。当越来越可怕的"纸票民主"代表了人民对抽象政治过程的疏离感时,纳粹提供了一种直接参与日常生活和政治的模式,通过在各种组织中排列等级,分配职责,将公共、半公共和私人领域融合在一起。

布莱希特对这些事态发展的反应是多样的,既表现出一种困惑,又承认形势的复杂性。从第三帝国开始,他就很清楚法西斯罪恶的程度,早在1933年就有关于集中营和精心策划的谋杀的写作。[1] 同年,他把希特勒描绘成一个

---

[1] 例如《关于失败》(*About the Defeat*, 1933),GBA,xxii卷,第19页;《反希特勒论》(*Argument against Hitler*, 1933),GBA,xxii卷,第29页。

"魔笛手",[1] 用甜美的声音唱着错误的观念,误导毫无戒心的民众。[2] 此后不久的另一篇文章则讨论了无产阶级的软弱导致暂时的"失败",而失败又导致"软弱",以及为了继续斗争,必须承认和阐明这些真实的认识上的软弱。[3] 布莱希特还不断强调把法西斯主义与资本主义联系起来,主张重新考虑纳粹主义的起因,并将其作为一个所有权、利润和剥削的问题进行斗争。1934年,他写道:"法西斯主义只能作为资本主义,作为最赤裸裸的、最粗暴的、最严重的和最欺世的资本主义与之进行斗争。"[4]

汤厨房,柏林,1934。

---

1 Pied piper,源于一个德国民间童话,吹笛手帮助村民吹笛引走老鼠并溺死在河水中,但他并未获得事先允诺的报酬,于是又吹笛引走村中孩童并将其全部溺死。这个词后来引申为描述"善讲空话的领导者"。(译者注)
2 《共产者的习惯》(*The Communists' Habit*, 1933),xxii 卷,第18页。
3 《失败后的问题》(*Questions after a Defeat*, 1933),GBA,xxii 卷,第20页。
4 《关于写出真相的五个困难》(*Five Difficulties When Writing the Truth*, 1934),GBA,xxii 卷,第78页。

然而，当论及苏联时，布莱希特的立场是既恐惧又渴望、既希望又失望。他希望在莫斯科工作，并希望苏联保持一个鼓舞人心的范例、一个真正的无产阶级统治的范例、世界政局中的一股必要力量。1932年《库勒·旺贝》在莫斯科首演成功后，布莱希特愉快地接受了皮斯卡托的邀请，访问苏联并出席"布莱希特之夜"。这位德国剧作家对1935年4月17日在莫斯科地铁落成庆典上所目睹的技术进步感到欣喜若狂，直到1937年，即使肃反运动正在进行，布莱希特仍旧称赞苏联"解放了生产资料"，废除了一切不平等之源——利润，尽管这种实施是激进而独裁的，他仍相信它最终将提供集体和个人的自由。[1] 然而，布莱希特也拒绝国家作为"规章制度"和"等级制度"的"源泉和产物"的观念，尽管"无产者已经手握权力"。[2] 他自己处理艺术和历史的辩证法与社会主义现实主义的信条发生了冲突，他说"苏联同志"被迫进行一场双重战斗："他们必须与枯燥的、抽象的教条主义作斗争，也必须反对机械的、暧昧的自然主义。"[3] 他对斯大林的批评逐渐增加，尽管以一种非常调和的、隐晦的形式，如1938年的《农夫对公牛讲话》(*The Farmer Addressing His Ox*)一诗，以及

---

[1] 《生产资料的解放》(*Liberation of Productive Resources*, 1937)，GBA，xxii卷，第302页。
[2] 《关于国家》(*Regarding the State*, 1937)，GBA，xxii卷，第304页。
[3] 《关于苏联作家的工作》(*Regarding the Programme of the Soviet Writers*, 1935)，GBA，第xxii卷，第136页。

30年代中后期写就、死后出版的《变迁录》（*Book of Changes*）。[1] 虽然他从未拥护过苏维埃政权，但也从未公开谴责过它。因此，他受到朱利叶斯·海斯（Julius Hays）等流亡艺术家和作家的攻击，并从1937年开始，与格奥尔格·卢卡奇（Georg Lukács）和他在莫斯科的杂志《词》（*Das Wort*）的编辑同事们发生了一场争执。《词》是乘1935年国际作家大会之风于1937年创办的一个反法西斯作家和评论家论坛。布莱希特怀疑西方媒体报道莫斯科审判的真实性，但当恩斯特·奥特瓦尔特和《三便士歌剧》的女演员卡罗拉·奈尔（Carola Neher）被分别处以5年和10年的监禁时，布莱希特先前挥之不去的怀疑态度受到了沉重的打击。两人后来都在劳改营中死去。在1939年1月的一篇日记中，在他的同事被判刑、构成主义作家和剧作家谢尔盖·特列季亚科夫（Sergei Tretyakov）失踪，以及弗塞沃洛德·梅耶霍尔德（Vsevolod Meyerhold）失去他的剧院之后，布莱希特这样描述苏联的文艺知识界："文学和艺术都是狗屎，政治理论见鬼去吧，只剩一种像官僚式的、所剩无几、没有血色的、无产阶级的人道主义。"[2]

尽管布莱希特心灰意冷，但他从未怀疑过自己在这场

---

1 《农夫对公牛讲话》（*The Farmer Addressing His Ox*, 1938），GBA, xii卷，第52页。《变迁录》（*Book of Changes*, 1934—1940，初次发表于1965年），GBA, xvii卷，第45—194页。
2 GBA, xxvi卷，第327页。

进行中的争取解放的斗争中扮演着重要工具的地位。其他人则发现这样的坚持难以维系。作家、期刊《火炬》(*Die Fackel*)的出版商卡尔·克劳斯,布莱希特曾因他的正直和与愚昧的不懈斗争高度评价他,但在1933年春纳粹夺取政权之际,克劳斯却始终保持缄默。克劳斯无法将自己已经排好版的《第三个沃尔普吉斯之夜》(*Die dritte Walpurgisnacht*)发表出来,这是一篇长达300多页的对柏林政治事件的回应。他的同事和崇拜者都深感震惊。直到同年10月,《火炬》上刊登了克劳斯的一首诗,谈到了他在无法诉说的世道中的失语:"一片寂静,因为大地正遭惊雷。没有合适的词……这个词随着那个世界的苏醒而死去。"[1] 布莱希特是少数同情并为克劳斯的立场辩护的人之一。他在诗歌《关于〈火炬〉第888期(1933年10月)十行诗的意义》[*Regarding the Significance of the Ten-Line Poem in Number 888 of Die Fackel (October 1933)*]中承认用语言难以充分描述法西斯的暴行:

> 罪恶大胆地走上街头
> 并大声地禁止发言。
>
> 被扼住的人

---

[1] 卡尔·克劳斯,诗歌,《火炬》1933年10月,第4页。

4 早期流亡:"歌唱黑暗时代",1933—1941 169

词梗在喉咙里。[1]

布莱希特继续写道,沉默,看似是一种接受的形式,但实际上却指向犯下的罪行。这段诗后话锋一转,问道:"斗争因此结束了吗?"从而批判性地追问接下来该怎么做。但道德立场和理想化的议程并不是斗争必须继续的原因(布莱希特指出,事实上,"不公正可能获得胜利,尽管它是不公正"),只有被剥削和被压迫者、饥饿者和"被征税者"、那些感觉到"靴子踩在脖子上"的人的实际体验,才将导向新的抵抗。[2] 诗的初稿更坚定地要求克劳斯打破沉默,拿起笔来:"因此,我们要求你继续战斗,毫不拖延,在黑暗弥漫的时候,无休止地重复已经说过的话。"[3] 这个早期版本还提及演讲和一般语言的问题,谈到如何不仅与纳粹造成的生理和心理恐怖对抗,而且与它对所有话语的渗透和对传播工具的占有对抗。布莱希特指的是"嗓门更大的人",即纳粹党的演说家,如鲁道夫·赫斯(Rudolf Hess)和赫尔曼·戈林(Hermann Göring),布莱希特很清楚,仅仅将自己的声音投入其中是不够的。

1938年,恩斯特·布洛赫(Ernst Bloch)评估了左派

---

[1] GBA, xiv 卷,第 196 页。
[2] 同上,第 196—197 页。
[3] 《对卡尔·克劳斯呼吁》(*Appeal to Karl Kraus*, 1934),GBA, xiv 卷,第 560—561 页。

在反纳粹主义斗争中找到"正确话语"的能力。[1] 在以堪比布莱希特的耐心和宽容的态度思考了克劳斯臭名昭著的沉默之后,布洛赫说,"语言是一种历史—物质的参照结构",这让人能够理解法西斯主义语言既有历史上的独特性,又持续地试图将字、词和整个历史从其特定的意义中割裂开来,赋予它们一种神话的、自然化的、永恒的有效性和权力。作为资产阶级公共领域的扭曲延伸,在第三帝国的电波中传播的、在其神秘而具有戏剧性的集会上发表的、在其煽动性报纸上流传的演讲和话语,目的是利用一种足以跨越各种公众经验的通用语言,提供一种跨越环境和年龄界限的归属感和参与感,从而将他们组织成"大众"。布洛赫认为,无论是怪诞的陌生感还是小说中"伟大语言"的道德主义,都不足以实现法西斯主义修辞的"渺小的小资产阶级的宏伟格式"。相反,他把描述的语言、科学的语言作为一种可能的"切中要害的工具",这种分析"研究并揭露纳粹"。布莱希特的作品被援引为报告文学和蒙太奇文学成果显著的范例:

> 他拼凑起……尖锐的情境,让张力、卑鄙、挠痒的危险、政权本身的矛盾以教育的方式生成;读者必须自己去理解它。[2]

---

[1] 恩斯特·布洛赫,《纳粹与无法言说》(*Der Nazi und das Unsägliche*, 1938),重印收录于恩斯特·布洛赫,《政治测度,布拉格时期,德意志邦联,全集》(*Politische Messungen, Pestzeit, Vormärz, Gesamtausgabe*),xi 卷,法兰克福,1970,第 185 页。
[2] 同上,第 186—191 页。

这一策略性的分析举出的两个例子，是布莱希特对戈林和赫斯的演讲具有比较性质的再呈现，这两篇演讲在1934年年末假日季[1]登在《巴塞尔国家报》（*Baseler Nationalzeitung*）上。在每一例中，演讲原文的某些部分都与剧作家的补充逐句、有时是逐行地并列起来。[2]

布莱希特在1934年写的大量文章论述了重建政治化语言的必要性。这些文章是布莱希特为了回应纳粹对生活的各个领域几乎完成了全面的占据而进行的最重要的写作中的一部分。《巴黎客日报》（*Pariser Tageblatt*）向流亡在外的德国作家征集关于"1934年诗人的使命"的稿件。在12月号上，它刊登了包括阿尔弗雷德·多布林、利翁·福伊希特万格莱、海因里希·曼和阿诺德·茨威格（Arnold Zweig）等作家的回答。布莱希特的文章《诗人应该写出真相》（*The Poets Ought to Write the Truth*）开篇就指出，很少有人会否认诗人应该讲真话，但问题恰恰在于，讲出真相，或至少是坦率和诚实地写作的意愿，往往被认为是理所当然的，而其困难却很少被审视和考虑。左派作家和艺术家乐于宣称声援弱者，保证不屈从于强者的要求。但是，如何找到真相，如何讲述真相，从而为改造而非复制现实

---

[1] 指自感恩节到新年及其中间一系列节日的时段。（译者注）
[2] 《元帅戈林关于德国共产主义失败的演讲》（*General Göring Regarding the Defeat of Communism in Germany*, 1934），GBA, xxii卷，第92页；《1934年副元首（赫斯）的圣诞演讲》[*Christmas Address by the Deputy Führer（Hess）in the Year 1934*, 1934], GBA, xxii卷，第93页。

服务呢？约翰内斯·R. 贝歇尔在寄给德国作家和著作保护协会（Schutzverband Deutscher Schriftsteller，简称 SDS）成员的信件中，随信附上了"贝托尔特·布莱希特写的精彩文章"。而贝歇尔在给布莱希特本人的信中写道："在我看来，这篇文章是我最近读到的最好的'理论作品'之一。"他鼓励剧作家继续扩展他的思想。[1]

布莱希特在他的文章《书写真相的五个难题》（*Five Difficulties When Writing the Truth*）中实现了贝歇尔的要求，这篇文章发表在德语杂志《我们的时代》（*Unsere Zeit*）上，这本杂志由威廉·缪森伯格（Willi Münzenberg）在巴黎、巴塞尔和布拉格运营。布莱希特的思考既针对流亡作家，也针对留在德国的反法西斯作家。除原标题外，SDS 还发行了封面为《急救实用指南》的印刷品，便于走私到德国并在那里散播。（布莱希特还参与了在纳粹德国进行印刷和散发颠覆性的小册子和传单的工作。）虽然这篇文章在当时的公众影响无法准确估算，但在流亡者中却广为人知。维兰德·赫兹菲尔德致信布莱希特，说他曾将这篇文本用作在布拉格演讲的底本，而缪森伯格则告知，他已将此文的副本寄给了安德烈·纪德（André Gide）、安德烈·马尔罗（André Malraux）、海因里希和托马斯·曼以及利翁·福伊希特万格。《五个难题》早在 1935 年就被翻译成波兰语，

---

[1] 约翰内斯·R. 贝歇尔 1934 年 12 月致布莱希特的信，转引自 GBA, xxii 卷，第 904 页。

随后几年又出现了俄文、丹麦文和英文版本。

布莱希特把这篇作品称为"小册子"或"论文",对他而言,政治化话语的困难正是使写出真相成为可能的必要条件:写出真相的勇气;识别真相的敏锐;将真相作为武器使用的技巧;甄别真相在谁手中才会有效的判断力;以及广泛传播真相的狡猾。[1] 真相或者真理,对从布莱希特到布洛赫这样的人来说,不是单一、笼统的,而必须是被生产出来的东西。书写真相是研究、发现和阐明思维与行动之间的关系,事件和经验是如何产生以及如何转化的。根据布莱希特的说法,真理与环境直接相关,这是从黑格尔和列宁那里借来的格言——"真理是具体的",诗人曾把这句话钉在他丹麦房子的房梁上。因此,法西斯主义的"非真性"被定义为"笼统的、宏大的、含混的",而在其罪行中得以呈现。[2] 当法西斯主义公共领域的言行关系被表述并揭露为谎言时,真理就变得具体了。但是,布莱希特写道:"真理不仅仅是一个道德范畴……不仅是一个伦理问题,而且是一个能力问题。真理需要被制造出来。"[3]

随着德国社会在一战余烬中挣扎、法西斯主义兴起和现代化进程加速,包括通信技术的进步带来了新的社会和政治可能性,布莱希特对真理、知识、政治化的话语以及

---

1 《书写真相的五个难题》,《我们的时代》(*Unsere Zeit*),1935 年 4 月 2—3 期,第 23 页;GBA, xxii 卷,第 74 页。
2 GBA, xxii 卷,第 76—77 页。
3 《关于真理》(*Regarding the Truth*, 1934),GBA, xxii 卷,第 96 页。

如何向特定公众传播它们的关注变得更加迫切。在流亡之前,他就曾写过一些关于广播和电影的文章。其中最重要的一篇发表在 1930 年由德国西南广播局(Südwestdeutscher Rundfunk)组织的一次会议上,并在 1932 年发表了部分内容。这篇文章并不是对魏玛现代性和技术乌托邦解放的最后一声欢呼,而是务实的呼吁,号召要根据文化和生活的商业大众化和政治大众化重新利用并重塑(Umfunktionierung)广播。"作为一种传播机制的广播"要求其技术和机制不仅仅用于传播信息,而且要服务于促成对话和批判性的交流。"广播是单向的,然而交流应该双向",布莱希特提醒说,仅仅提供一种传播手段并不能保证文化的生产。[1] 恰恰相反。打着公共文化的幌子,大量无关紧要的主题内容被大范围传播——布莱希特在早先一篇文章中曾痛斥"技术的巨大胜利终于使全世界都能看到维也纳的华尔兹和烹饪食谱"——这导致了听众的孤立。[2] 与此相反,布莱希特说:

> 广播被认为是公共生活中最伟大的通信设备,一个庞大的管网,这意味着,只有在它知道如何发送的同时还知道如何接收,从而听众不仅仅是听还能说,听众进入一个关系网

---

[1] GBA,xxi 卷,第 553 页。
[2]《广播——一种古老的发明?》(*Radio—An Antediluvian Invention?*, 1927),GBA,xxi 卷,第 217 页。

而非落入孤立时,广播才真的如此。[1]

布莱希特明白,资产阶级公共领域——以及它后来扭曲的延伸,法西斯主义公共领域——仍在直接的文化参与这一启蒙理想下运作,但已经将幼稚的参与姿态变成了真正的批判性话语和主体的生产行动。当技术的进步推动新的社会形式和互动模式出现时,布莱希特强调一种科学实用意义以及知识意义上的关联性:他主张通过传播工具能够真正地对话、表达、讨论。但他也表明,传播内容必须与听众相关,并能让听众作为发言者参与其中。

广播在德国是一个相当年轻的媒介。广播播送始于1923年10月的柏林广播电台(Berliner Funkstunde),而第一部广播剧则制作于1924年的秋天。到1932年,广播节目的听众在8000万总人口中达到1200万至1500万。历史学家一般将广播剧的发展分为三个阶段,体现新技术的使用和需求的变化。[2] 最初的广播剧只是简单的朗读文本。大约在1926年,出现了"声学电影",将声音和从电影工业学来的蒙太奇效果相结合。与布莱希特一起的还有阿尔

---

[1] 《广播作为通信设备》(*The Radio as an Apparatus of Communication*,1930/32),GBA,xxi卷,第553页。
[2] 诺伯特·莎施契克-弗莱塔格(Norbert Schachtsiek-Freitag),《贝托尔特·布莱希特的广播教育剧〈跨洋飞行〉》(*Bertolt Brechts Radiolehrstück Der Ozeanflug*),《贝托尔特·布莱希特——文本与批评》(*Bertolt Brecht-Text und Kritik*)特刊第2期,1973年,第132—133页;赫尔曼·庞斯(Hermann Pongs),《广播剧》(*Das Hörspiel*),《时代符号》(*Zeichen der Zeit*),1930年第1期,第1—48页。

弗雷德·多布林，他们呼吁一种当代的、批判性的广播，并要求建立一种与技术潜力适配的、特定媒介的广播艺术。[1] 1930 年，多布林著名小说《柏林亚历山大广场》（*Berlin Alexanderplatz*）的广播版播出，标志着魏玛广播向第三阶段过渡，即试图创造一种能够充分反映并参与历史语境的传播形式。对布莱希特来说，这意味着利用广播进行一种批判意识的集体生产。他的《林德伯格一家的飞行》既在舞台上演出，也为收音机前的听众表演，两者都展示了他心目中的那种参与方式：不仅是单方面的说话和唱歌，而且通过重新思考、补充剧本展示的内容，对时事和问题进行理性的参与。

与此同步发展的是，魏玛工人运动试图扩大资产阶级的公共领域，向被认为主要用于娱乐的广播贡献出不同的声音、观点和经验。1924 年初，工会会员、社会民主党人和共产党人在柏林成立了"工人广播俱乐部"（Arbeiter-Radio-Klub），随后的秋天又成立了其他几个组织。到 1932 年，德国工人广播运动涵盖了 267 个地方俱乐部。[2] 这些组织有三个目标：自己制作收音机、对广播节目的制作施加影响、建立无产阶级广播电台。虽然这样的电台从未建成，但收音机的制作非常成功，以至于连工

---

[1] 莎施契克-弗莱塔格，《贝托尔特·布莱希特的广播教育剧〈跨洋飞行〉》，第 132 页。
[2] 参见弗里德里希·科尼利，《劳工运动与媒介：一个总结》，《交易工会月报》1974 年 6 月，第 359 页。

业界也从中获利（虽然几乎没有或根本没有对最初这些劳动给予报酬或承认）。此外，通过大量出版"工人广播报刊"，发表评论和社论以及大量未播出的节目，给政治和媒介理论做出了贡献，从而影响了广播的内容和形式。正如媒体史学家弗里德里希·科尼利所言，"（这些出版物）清楚说出了资本的电台所掩盖的东西。"[1] 其他举措包括集体收听之夜、写信给演播室和电台编辑、成立政治宣传组织"红色电波"（Rote Welle），播放工人阶级作家的朗诵和创作的广播剧，并播报劳动节的庆祝活动。就像布莱希特的观察一样，这些尝试的目的在于搞清楚，的确，有了新技术后，人们有机会向任何人说任何东西，但这里的"任何东西"到底是什么，"任何人"又到底是谁？

国家社会党人给出了一个简单的答案：法西斯主义的公共领域及其机构能够将众多的公众和不同的人群团结在"民族共同体"（Volksgemeinschaft）的概念之下，这与其前身资产阶级的公共领域一样，并没有真正消灭阶级的分歧，只是将其掩盖了起来。纳粹认为现代性下的个人主义是第二原罪，相应地，只有与整个民族相关，才值得表达和传播。在纳粹统治下，广播和电影一样发生了严重的垄断化，负责政治宣传和"启蒙人民"的宣传部长约瑟夫·

---

[1] 参见弗里德里希·科尼利，《劳工运动与媒介：一个总结》《交易工会月报》1974年6月，第359页。

戈培尔（Joseph Goebbels）宣称："媒体必须服从新的国家，否则将不得不消亡。"[1] 面对如此明显的高压、重组和审查，媒体，特别是无线电广播，成为媒体史学家克努特·希克特希尔（Knut Hickethier）所说的"寄生社会互动"的舞台。[2] 国家的人民收音机（Volksempfänger）被加紧制造出来，这种收音机被设计成只能接收本地电波，从而保护听众免受外国声音的干扰，而听众在自己家的私密空间就能了解公共事件。演讲和节日的现场转播，以及它们所输送的同时性体验，创造了一个参与和共同体的奇观。到 1937 年，德国一半的家庭都安装了人民收音机。政治宣传以娱乐的形式进行，"国家价值观"以一种富有趣味的方式排演。音乐插曲、体育报道和新闻以及输送德国态度的精心制作的广播节目充斥于人们的客厅。广播剧，虽然其形式与布莱希特和多布林所实践和倡导的已经截然不同，但在国家的宣传工作中却发挥了关键作用。

然而，法西斯对公共领域的控制远非无懈可击。保安局（Sicherheitsdienst，简称 SD）的档案、听众中一些人的

---

[1] 转引自里卡达·斯特罗贝尔（Ricarda Strobel），《30 和 40 年代的电影与影院文化》（*Film- und Kinokultur der 30er und 40er Jahre*），收录于《30 和 40 年代的文化》（*Die Kultur der 30er und 40er Jahre*），维尔纳·福奥斯提希（Werner Faulstich）编，慕尼黑，2009，第 150 页。

[2] 克努特·希克特希尔，《希特勒与广播：纳粹时代的广播》（*Hitler und das Radio: Der Rundfunk in der ns-Zeit*），福奥斯提希编，《30 和 40 年代的文化》，第 196 页。

信件和日记,都证明了存在着对广播节目和文章另类的颠覆性的"解读"、外国电台的坚持和使用,以及抵抗组织对官方广播的干扰。1933年之前,布莱希特已经制作过一些广播剧和节目,并参加了一些广播电台的圆桌会议和讨论;1932年,柏林广播电台播出了《圣琼安娜》的缩略版。在开始流亡后,布莱希特仍不断为德语广播电台写稿,如1937年由设在马德里、对标德国听众的反法西斯广播电台德国自由电台(Deutscher Freiheitssender)播出的《德国讽刺诗》。比电影更易得、更便于利用的无线电广播,仍然是讲述真相的重要而切实可行的工具。

瓦尔特·本雅明赞美布莱希特的担忧不仅仅是在展示一种正确的态度,或者用本雅明自己的话说,展示正确的"政治倾向"。[1] 在《左派的忧郁》(*Linke Melancholie*,1931)里,本雅明评论埃里希·卡斯特纳的最新诗集时说,排练革命思想是不够的:

> 卡斯特纳、梅林或图霍尔斯基这类激进左派宣传家,是对已经崩溃的资产阶级秩序的无产阶级模仿。从政治上讲,他们的作用是促生小集团而非党派,从文学上讲,促

---

[1] 瓦尔特·本雅明,《作为生产者的作者》(*Der Autor als Produzent*),1934年4月27日在巴黎法西斯研究学院的演讲,重印收录于《文集》,ii/2卷,第684页。

生的是热点而非学派，从经济上讲，则是代理人而非生产者。[1]

1934年，这位哲学家在巴黎法西斯主义研究学院发表了题为《作为生产者的作者》（*Der Author als Produzent*）的著名演讲，他要求考虑形式或"文学倾向"，即考虑语言的特征和语言表述的方式。对本雅明而言，只有在特定的历史时空直接参与和改造生产思想和形象的机器，才能成为艺术的政治作品。纯粹的政治理想的表达，必须被如何利用语言、谁有权力说出这些话、怎样说出这些话，以及对谁说的主动变化所取代。本雅明进一步指出布莱希特的作品是这种批判性参与的典范。

1933年，布莱希特和本雅明在巴黎交游，而当剧作家定居丹麦时，本雅明分别于1934年和1938年的夏天前去访问，停留数周，并随身带来了他的全部藏书，因为彼时他自己也不知道该在何处落脚。两人下棋，讨论政治和项目进展、儿童戏剧、莫斯科审判和苏联文学等许多话题。两者的友谊和相互欣赏一直是许多学者的眼中刺。西奥多·阿多诺认定布莱希特对本雅明的影响是庸俗的、有限的，而格肖姆·舒勒姆（Gershom Scholem）则称之为"有

---

[1] 瓦尔特·本雅明，《左派的忧郁》（*Linke Melancholie*），《社会》1931年第1卷第8期，重印收录于《文集》，iii卷，第280页。

害的，在某些情况下是灾难性的"，认为本雅明的马克思主义转向是本雅明本质上作为一个宗教思想家不幸的行差踏错。[1]

进步的辩证法是布莱希特和本雅明尝试在文化生产中应用技术的关键。他们没有美化机器本身，而是意识到日常生活日益机械化的解放潜力也带来了异化和工具性的破坏，而且它还有可能通过商品的工业化生产和分配永续资产阶级文化。布莱希特在"三便士诉讼案"中关于"生产者无产阶级化"的言论很有启发性：工人与生产手段之间的脱节不应该通过个人使用和收益的再分配这一本质上还是资产阶级所有权观念的再生产来缝合。相反，"无产阶级的生产者"要主动拒绝传统的作者概念，并加以改造。技术使集体中的成员更便捷地运用生产工具，因为他们不再需要依赖约定俗成的使用权。对（技术的、社会的、政治的）机器运行机制一种潜在的简化理解，是理想地认为它能使不平等交换的资产阶级二元对立得以根除。按照本雅明的说法，布莱希特是第一个坚持知识分子和艺术家不应该"只提供生产机器，而不在最大可能的程度上按照社会主义来改造它"的人。[2] 新的传播技术使人们能够接触到20世纪30年代中期分散的受众，同时打破、增加、重复

---

[1] 彼得·梅耶（Peter Mayer），《坚固的真相：关于本雅明与布莱希特》（*Die Wahrheit ist konkret: Notizen zu Benjamin und Brecht*），《贝托尔特·布莱希特——文本与批评》，1972年特刊第1期，第5页。
[2] 本雅明，《作为生产者的作者》，第691页。

和并列的声音与观点,决定了公共领域在形式和主题的同质化。

学界的共识是,布莱希特和本雅明在这方面都处于一个相当天真、乌托邦式的立场。经常有人说,像布莱希特的《五个难题》和本雅明的《作为生产者的作者》《机械复制时代的艺术作品》(*Das Kunstwerk im Zeitalter Seiner Technischen Reproduzierbarkeit*)这些写于20世纪30年代初的文章,还保有一些魏玛时期的激情,但这种激情随着第三帝国的强大而逐渐减弱。然而这种事后的回顾性解读忽略了他们作品中一些关键的细节。例如,这两位作家并没有假设只要所有人一起向机器喊话就万事大吉,而是依托于这样一个观念,将公共领域视为一个斗争的场所和相互依存的多样化群体的星群,这些群体有着不同的乃至冲突的经验、历史和欲望,蕴藏着颠覆性和革命性的异化潜能,足以逃脱了系统性同质化的扼杀,并且如果在恰当的机会中给予适当的工具和激励,这样的潜能可以被动员起来。

技术化

公共领域的异质性,以及运用敏锐、技巧和狡黠以激活多元的声音和经验的必要性,从而形成能够创新而非革新社会结构的话语、态度和行为——早在1920年,本雅明

就认为这些是布莱希特作品中不可分割的部分。他评论道:

> 在1920年至1930年间,(布莱希特)不厌其烦地一次又一次地将戏剧规则置于历史的考验之下。他接受了舞台的不同形式和最不同的观众群体。他既为讲台戏剧工作,也为歌剧工作,并把自己的作品呈现给柏林的无产者们,就像他呈现给西方资产阶级先锋派一样。[1]

本雅明认为,这种能力和对特殊性的坚持,以及适用于不仅仅是广播和电影的所有媒介和媒体的技术化观念,使剧作家成为"全新的专家",成为批判地参与反法西斯斗争的杰出典范。[2] 从某种程度上说,魏玛的媒体经验为布莱希特参与这一斗争奠定了重要的基础。

布莱希特认为自己有能力与新权力作斗争的另一个原因是,他认为法西斯主义是资本主义的延伸或极端形式。1935年夏天,他参加了在巴黎举行的保卫文化国际作家大会。当安德烈·纪德和海因里希·曼等发言者呼吁约250名代表"拯救文化"时,布莱希特要求他们与"邪恶的根源"作战。在他的演讲《关于与野蛮主义斗争的必要观察》

---

[1] 瓦尔特·本雅明,《无产阶级没有名字的国度:布莱希特的八个独幕剧首演》(*Das Land, in dem das Proletariat nicht genannt werden darf: Zur Uraufführung von acht Einaktern Brechts*),《新世界舞台》(*Die neue Weltbühne*),1938年第38期,重印收录于《文集》,ii/2卷,第515页。
[2] 同上。

(*A Necessary Observation Regarding the Fight against Barbarism*)中，布莱希特认为法西斯主义的残暴和狂热并不是被压抑的天性的一部分，而是固定在"必不可少的商业交易"中。拯救文化也许是高尚和必要的，但更重要的是把人民从"其可持续性地使暴行成为必须的普遍的财产关系（Eigentumsverhältnisse）"中拯救出来。[1]

观众们惊呆了。一位与会者说，布莱希特就像格奥尔格·毕希纳（Georg Büchner）笔下的沃伊采克一样，像一把剃刀一样直直地剖开了这场大会。其他人则感到愤怒，因为剧作家对阶级斗争的呼吁与这次活动将社会主义者和共产主义者团结在同一战线上的目标背道而驰。布莱希特则在给乔治·格罗兹的信中表达了他对这次大会的失望："我们刚刚拯救了文化。我们花了四天时间，决定赌上一切阻止文化消亡……法西斯主义普遍受到谴责——因为它不必要的残酷。"[2] 布莱希特充分意识到，文化和所有权已经深深地交织在一起，尤其是他作为生产者的策略和方法不仅要根据法西斯主义和他的流亡，而且要根据经济危机和苏联的发展进行调整。在两年后的第二届国际作家大会上，他宣布（缺席）说文化的确必须保卫，但"文化不仅仅是精神上的（geistige），而且，尤其是物质上的，（因此）保

---

[1] GBA, xxii 卷，第 144、146 页。
[2] 《1935 年 6—7 月致乔治·格罗兹》，GBA, xxviii 卷，第 510 页。

卫文化必须运用物质的武器"。[1] 根据他在第一届大会上的经验，布莱希特认为批判性的文化生产不仅是可能的，而且是必要的，而他强烈地鄙视一种附属的公共存在——"Tuis"。"Tuis"是将知识分子（intellektual）一词玩文字游戏重组后（Tellekt-Ual-In）的首字母缩写。关于 Tuis 的功能，布莱希特写道："Tuis 是这个市场商品时代的知识分子。他是知识的出租人。"[2]

《一个阅读工人的问题》（*Questions of a Reading Worker*）写于 1935 年，1936 年发表在杂志《词》上，挑衅地提出了一系列关于劳动和历史所有权的问题。工人的视角在官方叙事和反历史之间产生了一种张力，阐明了异化的环境，同时积极反驳文化是"伟人"的成就这一神话，而这样的概念在法西斯主义和资产阶级的叙事中根深蒂固。布莱希特问道："谁建造了底比斯七门？在书中人们可以找到国王的名字。是国王们拖着石块吗？……伟大的罗马到处都是凯旋门，又是谁将它们竖立起来的？"文章还扩大了伟人的阵容，把西班牙的菲利普二世和德国腓特烈大帝也加了进去。"每十年就有一位伟人。谁来支付这个代价？"[3] 这个文本的目标读者是流亡中的德国知识分子，文章提醒他们，历史既是一种物质的追求，也是一种叙事的追求，

---

[1] 保卫文化第二届国际作家大会上的演讲（1937），GBA，xxii 卷，第 325 页。
[2] 《退思小说》的笔记（1935—1937），GBA，xvii 卷，第 153 页。
[3] GBA，xii 卷，第 29 页。

而且这种追求连绵不断。询问某人的贡献的同时,意味着既要承认大众的物质困境,也要承认他们对伟大的历史事件的贡献,无论这样的事件是进步的,还是破坏性的。

为了直接面向大众群体,布莱希特和艾斯勒(以及斯蒂芬和豪普特曼)于1934年出版了作品集《歌曲、诗歌、合唱》(Songs, Poems, Choirs),作为对德国大众文化被侵占的反法西斯回应。由巴黎嘉勒孚(Editions de Carrefour)出版社印行,书中附加的"32页乐谱"说明了这本书设计之初的使用价值。这本书结构严谨,开篇第一章探讨了魏玛共和国何以滑向法西斯主义的原由,其中包括第一次世界大战,还重印了《阵亡战士的传说》。这一章中论述纳粹如何利用饥饿、失业和阶级斗争,其中还包含了《冲锋队员之歌》(The Song of the SA Man)和《阶级敌人之歌》(The Song of the Class Enemy)。下一节以《杀手希特勒之歌》(The Song of the House Painter Hitler)[1] 开篇,歌曲开头暗指纳粹万字符的形状和纳粹的经济吸引力:

> 他们在前面扛着一个十字
>
> 印在血红色的旗帜上
>
> 对穷人来说

---

[1] 原文为"The Song of the House Painter Hitler",希特勒曾登记自己的职业为画家,而 house painter 是一个俚语,指杀手,形象表现杀手将人杀死后血液溅在墙上的场面。(译者注)

那是一个巨大的饵钩。[1]

紧随这首诗后的是关于纳粹德国的迫害、集中营和反法西斯斗争的文章。下一章则包含了先前革命斗争的歌曲——这既是一声关于社会转型走入歧途的怀旧而沉痛的提醒,也是对在当初停止处重拾斗争的鼓励。附录部分则试探性地将美国资本主义和"Tuis"在法西斯上台过程中的角色联系起来。印刷的3000册中,一大部分计划偷运到德国,由反法西斯组织分发。这个计划成功与否至今仍无从考证,但在当时的情况下,成功的可能性并不大。700份预订单和一些评论、公告,以及流亡出版物上对个别诗歌的重印,则证明了一个小范围的成功。克劳斯·曼称赞该书将诗歌和政治结合起来,阿诺德·茨威格则宣称布莱希特创造了"一种思维模式的社会透明度",诗歌具有"工具的效用,它们预设了世界是可变的,可以通过男人和女人单独或集体的行动发生改变"。[2]

1939年由维兰德·赫兹菲尔德运营的马利克出版社(Malik Verlag)出版的《斯文堡诗集》体现了布莱希特类似的尝试,试图接触并建构各种群体,证明他所运用的语

---

[1] GBA, xi卷,第215页。
[2] 克劳斯·曼,《评论》,《收藏》(*Die Sammlung*),1934年5月,以及阿诺德·茨威格,《评论》,《新德叶》(*Neue Deutsche Blätter*),1934—1935,均转引自GBA, xi卷,第372页。

言、角度和策略,尽管他身在丹麦感到孤立无援,且纳粹控制所有媒体的力量似乎不可阻挡。《孩子的歌》(*Children's Songs*)写于 1934 年,是对纳粹青年组织的回应,和 1932 年由格罗兹绘制插图、作为《实验》的一期发行的儿童故事《三个士兵》一样,都旨在提出问题,而不是进一步向年轻人灌输思想。"德国战争入门"(German War Primer)一节中的大部分诗歌都在 1936 年和 1937 年期间发表在包括《词》在内的各种期刊上。这些诗歌语调简洁,以匿名口吻写就,试图提供一种足以颠覆希特勒维护和平的叙事的大众化形式,用来自内部的声音和观察、压迫的行为和日常经验,来驳斥官方的形象和在柏林奥运会这种场合对外宣称的那样。"德国讽刺诗"(German Satires)最初是为马德里的德国自由之声广播电台(Deut-scher Freiheitssender)创作的,其中部分在 1937 年由该电台播送。这一章与戈林的名言"枪炮比黄油更重要"针锋相对,布莱希特补充说,国家只有在黄油耗尽、并且不得不提防自己的人民以保护自己的时候,才需要更多的枪炮。在另一篇中,布莱希特为政权将政治宣传作为工具"辩护",毕竟宣传不是对抗饥饿,只是让饥饿显得时髦,而修建几千英里的高速公路可以给人们注入一种"就像他们拥有汽车一样的快乐"。[1] 布莱希特的语言直白、反常且通常散而不韵:"目

---

[1] 《政治宣传的必要性》(*The Necessity of Propaganda*,1937),GBA,xii 卷,第 66 页。

的在于把每一个单一的句子扔给保持距离的、被人为分散了的观众。"[1]《斯文堡诗集》发行了1000册,其真实的接受度难以评估。玛格丽特·斯蒂芬回忆说,1938年她在哥本哈根访问时,她的父母——他们从事政治活动,组织工会,通常对过于高深的诗歌不屑一顾——被这本诗集的初期版本惊呆了。她的父亲说:"这里面写的都是真的。"[2]斯蒂芬费了很大的力气,才阻止她的父母把诗集带回德国。

在流亡中,布莱希特将他讲述真相的计划进一步集中于呈现历史情境的复杂性和模棱两可,这样的呈现和理解,使得具体的世界观、政策和行动能够被直接理解。例如,《三便士小说》(Threepenny Novel)历时一年写成并于1934年出版,布莱希特尝试通过并置、拼贴和蒙太奇的方法勾勒出纳粹德国的当代现实,让观者不得不去探究构成形象和现实的元素与安排。书中延续了商业即犯罪的观念,强盗和小偷们进入商业世界,按照其欺骗和勒索、腐败和谋杀的准则行事。正义仍是一个狡诈的理想,因为各种制度——无论法律、婚姻还是社会地位——都有利于恶人,帮助压迫那些被剥削者。布莱希特直接引用了希特勒的演讲和党章:他揭露了法西斯主义的商业行动,例如使用语言使犹太资产的国有化变得合法以及彻底垄断全部经济控

---

[1]《关于无韵诗和杂韵诗》(Regarding Unrhymed Poetry with Irregular Rhythms),《词》,1939年第3期,重印于GBA,xxii卷,第364页。
[2] 转引自GBA,xii卷,第358页。

制权,宣称要创造一个"健康"的中产阶级和"公有化"的繁荣。小说的结构(与原剧本没什么关系)是由布莱希特所说的"电影观看"决定的,即由技术的可能性塑造对自己周遭环境的创造和认知。"不可逆转地",布莱希特认为,"文学生产的技术化"引导着作者利用可获得的"工具"充分地呈现现实,但更重要的是,"利用这些工具塑造角色的时候要出借其态度"。[1] 与托马斯·曼等作家所主张和创作的传统小说不同,这些小说的主人公和行动由不断积累、逐渐收束的人物形象来推动,而布莱希特的人物态度和信念、他们的主体性是随着他们生意的状态而不断变化的。重复、特写、叠加和快速运动等电影手法被改编成文学的形式,以显示这些主体是因果性的、被决定的,而不是相对主义的。从媚俗的浪漫小说和考夫曼罗曼小说(Kaufmannromane,一种资产阶级小说类型),到黑色小说和色情小说,各种艺术类型混合起来,放大了从外部观察(von-aussen-sehen)的策略,使读者保持距离,鼓励读者辨别其交易及其动机。《三便士小说》获得了成功:它得到了广泛的、而且大多是正面的评论,并以多种不同语言出版。布拉格《欧洲报》(*Europäische Hefte*)的主编威利·齐格弗里德·施拉姆(Willy Siegfried Schlamm)称这部小说为"布莱希特的当代教科书",是一部用于教授"历史和宏观

---

[1]《三便士诉讼》(1931),GBA, xxi 卷,第 464 页。

经济学、社会学和心理学"的作品。[1]

同时,布莱希特的戏剧作品与他的其他创作一样,既多样,又具体,而且一样种类繁多,内容具体,具有劝诫的意味。戏剧《圆头和尖头》(*The Round Heads and the Pointed Heads*),1933 年发表于《实验》,并于莫斯科(1935)和哥本哈根(1936)上演,其中论述了政治即戏剧的概念。当全世界都在惊恐和不解中看着整个德国的极端转变时,这部戏利用电影手段,特别是重复和形象、动作、人物的复制,来探讨表象与现实、修辞与行动之间的关系。戏剧的前景设计使历史学家所说的德国双重人格(Doppecharakter)显影,也就是即便一个民族对夜晚和集中营中发生的事情了如指掌,但人们却过着用"双重道德"缓冲的生活,默许两个世界平行存在的现象。它还揭露了纳粹机器的双重功能性——它能够使国家的公开暴力与"资产阶级对平静、秩序和安全以及对主人和英雄的需求"并行不悖——并提醒那些从外观看的人,他们的言论必须不仅仅是修辞的,而必须是政治性的,必须改变而非重现现存的话语和行动之间的差距。[2]

布莱希特在 1937 年于巴黎上演的《卡拉尔夫人的步

---

[1] 齐格弗里德·施拉姆,《评论》,《欧洲报》,1934 年 11 月 8 日第 30 期,转引自 GBA,xvi 卷,第 423 页。
[2] 克里斯蒂安·格拉夫·冯·克罗科,《德国人的世纪,1890—1990》,莱恩贝克,1990,第 209、213 页。

枪》(*Señora Carrar's Rifles*)中，进一步将这种从外观看的方法扩展到了西班牙内战（1936—1939）。杜铎曾敦促布莱希特为当时已经成为一项国际性事业的西班牙内战做出些什么贡献。布莱希特1937年致信杜铎大概勾勒了自己的计划："我在想一个非常简单的表演形式……完全不浮躁，一切都是平静的，审视的现实主义。"[1] 这部戏讲述了渔妇卡拉尔的故事，在暴力"将军"（代表佛朗哥将军及其党羽）和合法选举的西班牙第二共和政府之间的血腥战役中，她失去了自己的丈夫。卡拉尔是一个坚定的和平主义者，尽管她的儿子百般请求，仍拒绝帮助抵抗军。直到她的儿子在正常捕鱼时被法西斯分子杀害后，她终于加入斗争。这部剧的非凡之处，除去它与剧作家不愿自己拿起枪极其相似之外，在于其形式的直接性。它高度集中于中心人物以及导致她态度转变的失去至亲的痛苦，这使得许多学者认为这个剧本或多或少是传统的，以共情为基础为紧迫的事业争取支持，是诗与政治的分离，根据沃纳·米特茨威格（Werner Mittenzweig）的说法，是"直接的行动号召"合理化了"（布莱希特）戏剧理论的让步"。[2] 布莱希特自己也称它为"亚里士多德式的"，"从技术上讲，是一个很大的倒退……投机的"。[3] 然而，从一开始，他的目标就是让这

---

[1]《1937年7月末致斯拉坦·杜铎》，GBA，xxix卷，第35—36页。
[2] 维尔纳·赫希特等，《贝托尔特·布莱希特：他的人生与作品》(*Bertolt Brecht: Sein Leben und Werk*)，柏林，1969，第118—119页。
[3]《1939年2月25日日记》，GBA，xxvi卷，第330页。

部戏保持直白,以呼吁对这场国际战争的行动和参与,同时向法国公众和他的同僚们发出呼吁。虽然呼吁可能是简单的,但其中描绘的情况却绝非如此。布莱希特再次将个人命运与行进中的社会政治进程交织在一起;个人行动与历史、舞台与"外部"现实的地理时空与政治倾向关联在一起。这部戏被认为是布莱希特继《三便士歌剧》之后最受欢迎的成功之作。

布莱希特和海伦·魏格尔,丹麦哥本哈根,1936年秋。

与此同时,布莱希特与斯蒂芬合作,收集自1934年以来纳粹德国发生的日常事件与日常经验的新闻报道和目击者陈述。这本集子为1938年出版的戏剧《优等民族的私生活》(The Private Life of the Master Race)打下了基础,作者将其描述为"27个场景蒙太奇":"一幅关于姿态的静态画面,准确地说,是陷入沉默、越过肩膀查看、恐惧的姿态等等。"[1] 布莱希特在给杜铎的信中写道:"我想,在这里,第三帝国全部细节上的脆弱终将变得显而易见,只有暴力才能使它团结在一起。"[2] 这部戏编织了一张社会的、地理的和按年代顺序排列的报道的网:从1933年到1938年,从柏林到维也纳,从年轻人到老年人,从农民、工人到办事员、医生和官僚。"我设想的风格就像戈雅关于内战的蚀刻画一样……其中有一些纪实性的东西。"[3] 除了暴力和谎言为贯穿的主题外,场与场之间还通过"背叛"和"不信任"等主题联系起来。在彼此的关系中,个人和表面上的私人行为展示了他们的政治维度,而集体性(同时关涉社会主体和戏剧形式结构)被视为残酷的个人化。"性格,"其中一个主角说,"是一个时间问题。它能持续一段时间,就像手套一样。"[4] 1938年,其中的八场以《99%》为名在巴黎首演,保罗·德绍(Paul Dessau)创作,杜铎担任导演。海伦·魏格尔在这个版本中扮演三个角色,她对首演的印象是"非常成功……演出结束后人们笑得很开

---

[1] GBA, xxvi卷,第319页。
[2] 《1938年4月致斯拉坦·杜铎》,GBA, xxix卷,第84页。
[3] 《1933年3月/4月致欧文·皮斯卡托》,GBA, xxix卷,第83页。
[4] 《优等民族的私生活》(The Private Life of the Master Race, 1938), GBA, iv卷,第388页。

心,掌声不断"。[1] 德文报纸《巴黎客日报》称赞这次演出是"一部同时具有当代关联性和艺术成熟度的作品。一个怒火中烧的预言家在他远见卓识的现实主义中,将构成第三帝国之扭曲变态的成千上万的罪行,映在永远铭记的夜空中"。这位评论家继续说,布莱希特建造了"一个地狱万花筒"。[2]

这部戏的文字版收录在《布莱希特作品集》第一卷中,第一、二卷彼时已经由赫兹费尔德运营的马利克出版社(现位于布拉格)出版。书的广告语为《德国:一个恐怖故事》(*Deutschland: Ein Greuelmärchen*),直接化用了海因里希·海涅(Heinrich Heine)《德国:一个冬天的故事》(*Deutschland: Ein Wintermärchen*,1844)的标题。与海涅一样,布莱希特对这个国家的命运感到焦虑,因为这个国家的人民滥用简化的文化传统和虚构的大众价值观,野蛮地拒绝现代化带来的社会和心理挑战,这正是海涅在1848年德国革命失败的前夕用广为人知的诗句所表达的焦虑:"晚上想起德国,我躺着睡不着,睡意飞走了。"[3]

然而尽管《优等民族的私生活》曾在欧洲各地和莫斯

---

[1] 转引自 GBA,iv 卷,第 531 页。
[2] P. Br.(作者首字母缩写),《巴黎客日报》(*Pariser Tageszeitung*)1938 年 5 月 21 日,重印收录于《批评中的布莱希特》,莫妮卡·怀斯曼,慕尼黑,1977,第 189 页。
[3] 海因里希·海涅,《夜思》(*Nachtgedanken*,1843),《诗全集》,法兰克福,1993,第 446 页;英译者为哈尔·卓普(Hal Draper),《海因里希·海涅诗全集》,法兰克福,1982,第 407 页。

科的一些期刊上以节选的形式发表过，但它却从未作为马利克出版《布莱希特作品集》的一部分出现。出版社将校样寄给布莱希特审阅，但在 1939 年 3 月德国吞并捷克斯洛伐克之前，法西斯在布拉格的影响和行动就迫使赫兹费尔德决定出逃。这本书的印刷版大概在 1938 年底或 1939 年初被销毁。布莱希特把赫兹费尔德的出逃看作自己处境危险的预警，他在 1938 年 8 月的一篇日记中写道，希特勒"正在准备征服世界。昨天，德国大演习开始了，动员预演了"。[1] 10 月，他写道，可以想象，捷克人必须给德国一些东西，但他们"几乎把一切的东西都给了所有人，包括犹太人和流亡者"——对布莱希特来说，这是容易理解的事态，因为丹麦也是如此。[2] 他的独幕剧《丹森》(*Dansen*, 1939) 编年记录了这些事件以及自己的恐惧，并注目于奥地利和捷克被入侵时斯堪的纳维亚的中立政治。布莱希特称这是一部"置身事外的剧作"，是把头埋进沙子里。[3] 当时一个瑞典业余戏剧组织邀请他进行一系列演讲和讨论，他提交了签证申请，而《丹森》和另一题为《铁卖多少钱？》(*What Does the Iron Cost?*, 1939) 的短剧被引用以支持剧作家的签证申请。1939 年 4 月，布莱希特接受了瑞典雕塑家宁南·桑特松 (Ninnan Santesson) 的邀请，与家人

---

1 GBA, xxvi 卷，第 319 页。
2 同上，第 326 页。
3 《丹森》，GBA, v 卷，第 295 页。

和斯蒂芬一起搬进了艺术家位于斯德哥尔摩附近林多岛上的住所。

布莱希特就是在这样的背景下写出了《大胆妈妈和她的孩子们：三十年战争编年史》（*Mother Courage and Her Children: A Chronicle of the Thirty Years War*）。虽然确切的起源时间有争议，但斯蒂芬的日历上标明了《大胆妈妈》的创作时间是在 1939 年 9 月至 11 月之间，而布莱希特则回忆说："我的剧本献给斯堪的纳维亚。"在那里，他还记得：

> 戏剧是重要的，与在许多其他欧洲国家不同。我写作时设想，在一些大城市的舞台上能听到一个剧作家的警告，警告谁想与魔鬼共进早餐，就必须挥舞长勺……从来没有这样的演出。作家们的写作速度赶不上政府打仗的速度……《大胆妈妈和她的孩子们》来得太晚了。[1]

正如副标题所暗示的那样，《大胆妈妈》将故事设定在 17 世纪初，但其中与 20 世纪欧洲动荡局势的关联比比皆是。大胆妈妈和三个不同的男人生下三个孩子，她在穿越被战火蹂躏的农村的过程中，经历了一场不断失去的旅程（首先死去的是拉车的马，然后是一个接一个的孩子）。然而，

---

[1]《勇气学不到任何东西》（*Courage Learns Nothing*，1953），GBA, xxiv 卷，第 272 页。

尽管大胆妈妈对那些塑造了她以及造成她损失的暴力视而不见，即使她的行为伤害了她自己和身边的人，但是她仍然是一个狡猾的逐利者，将商业利益看得比她大声宣扬的同情心和真理更重要。与她的哑巴女儿卡特琳无私帮助他人相反，大胆妈妈体现了言辞和行为之间的分裂，以及资本主义利己主义不仅愿意牺牲任何形式的人类团结，而且愿意牺牲它所声称倡导的人文主义道德观念。通常来说，编年史只写伟人的历史，但布莱希特将其形式倒转，叙述底层，以平民的角度来看待战争和家庭、金钱和信念。就像《一个阅读工人的问题》一样，这关联着却并非旨在替代现有的关于伟人和光荣的故事。这部戏受到很多启发，比如19世纪瑞典芬兰诗人约翰·卢德维格·鲁内贝里（Johan Ludvig Runeberg）书写普通人经历的战时歌谣，17世纪德国作家汉斯·雅各布·克里斯托弗·冯·格里姆尔绍森（Hans Jakob Christoffel von Grimmelshausen）关于三十年战争的流浪汉小说，关于奸诈女人的大胆的巴洛克小说。尽管有明显的相似之处，但格里姆尔绍森对布莱希特的剧本的影响主要是方法论上的，表现在预先附上剧情简介（要求观众关注表演的是"怎么会"而不是"是什么"）、插入歌曲（打乱和陌生化舞台上的动作）和对普通人的颠覆（资产阶级价值观对战争的新"常态"的利用）。保罗·德绍最后的配乐由简单的流行歌曲组成，加上戏剧的开放形式，通过主题暗示和平行对比以及不断提醒该剧是一个人为的、舞台化、叙事化的建构，目标在于扩大《大胆妈妈》的影响，使其超越剧场的局限。这部戏于1941年4月19日在苏黎世首演，作者缺席。评论界和公众的反应很好，布莱希特整体上对这一结果感到满意，尽管大多数评论家误解了战争与大胆妈妈之间的关系，他们下意识地遵循传统资产阶级戏剧的预期，认为大胆妈妈和她的孩子是战争的受害者，而非牵连在战争中、甚至被它塑造。首演三天后，布莱希特在日记中写道："这个主要由移民构成的剧院正在演出我的一部作品，这是勇敢的。斯堪的纳维亚的舞台都不够有勇气。"[1] 仅仅几个星期后，布莱希特就将登上跨西伯利亚快车，开始他流亡美国的漫长旅程。

---

1 GBA，xxvi 卷，第 476 页。

5 流亡美国:间离辩证法与"烹饪"艺术,
  1941—1947

战争

战火燃近,法西斯进一步收紧对斯堪的纳维亚半岛的控制,布莱希特发现自己的工作空间被挤占殆尽:"每一次希特勒胜利的报道,都在减少我作为一个作家的意义。"[1] 他的芬兰日记记录了他寻找可以继续工作之地的设想。1941年4月18日他写道:"我意识到要避免'痴心妄想'是不可能的,这意味着必须勇敢地分析事实。我发现自己不断地在想:我将在美国重新评估。"[2]

1941年7月21日,布莱希特、魏格尔和他们的孩子们芭芭拉、斯特凡登上了美国海岸。一年前他们才搬到芬兰,当时德国军队入侵丹麦和挪威,瑞典警察搜查了布莱希特的房子,寻找政治性作品。在芬兰度过的这段日子在布莱

---

1 《1941年4月20日日记》,GBA,xxvi卷,第475页。
2 GBA,xxvi卷,第474页。

希特的日记中被描述为一段悬停期,一家人作为芬兰作家海拉·乌利约基(Hella Wuolijoki)的客人,住在距离赫尔辛基四小时车程的郊外庄园里,尽管伴随着乡村闲暇带来的令人分心的乐趣,孤立感还是不断增加:

> 早晨我一边听着收音机里的新闻,一边读着博斯韦尔的《约翰逊的一生》并凝视着河边雾中白桦树的风景,就这样,不自然的一天开始了,不是不和谐,而是完全没有音乐。这就是夹间时刻。[1]

事实证明,办理美国签证的难度比预期的要大,但在一些朋友的帮助下还是成功了,特别是利翁·福伊希特万格——他的家人——露丝·伯劳(Ruth Berlau)和玛格丽特·斯蒂芬获得了必要的文件。1941年5月,流亡者们开始了他们的旅程,取道东行,途经莫斯科,在那里斯蒂芬的肺结核转向恶化。布莱希特的笔记中提到了她的"崩溃",将之归因于芬兰人糟糕的饮食习惯,以及斯蒂芬由于急迫地收集和照料他的手稿而导致的疲劳。[2] 她不得不住进医院,但坚持让其他同伴先走。布莱希特的日记记录显示,动身不久他就收到了她去世的消息,彼时他还在前往海参崴

---

[1] 《1940年8月19日日记》,GBA, xxvi卷,第414页。提到的书为詹姆斯·博斯韦尔(James Boswell)的《约翰逊的一生》(*The Life of Samuel Johnson*, 1791)。

[2] 《1941年7月13日日记》,GBA, xxvi卷,第485页。

的火车上，一封传来的电报赤裸裸地报告了她的死讯。布莱希特在一系列诗歌中表达了他对斯蒂芬的深深眷恋和爱慕，包括《当时机到了》(When It Was Time)、《我的同事 M. S. 死后》(After the Death of My Colleague M. S.)和《我的将军倒下了》(My General Has Fallen，均作于1941)。在整个20世纪20年代和30年代都只有零星记录的布莱希特日记，现在则成了一份细节详细的流亡日志。布莱希特为躲避战争来到美国，发现这里的环境既肯定了他魏玛戏剧中的梦幻般的美国，又与之发生了强烈的冲突。尽管他尝试着适应新客居国度的生活方式和工作条件，但他发现无法找到自己的位置。同时，他也发现了劳工和所有权问题的连续性和紧迫性，它们是社会心理的疏离感和艺术陌生化策略的源头，于是布莱希特开始扩展他在欧洲已经开始的工作。

在许多方面，布莱希特流亡的美国最后正是他想象中的国度：黑帮和腐败，那些有能力生活在虚构中的人，有机会进行消费和进步的冒险。对布莱希特来说，美国是一个条件，在这个条件下，现代性的辩证法似乎并非中止于正反两面的综合，而是在现实与人造的融合中暂停：

> 这里
> 人们已经得出结论，神，
> 需要一个天堂和一个地狱，但无须
> 筹建两个机构，而是

> 只需一个：天堂。它
>
> 对不富裕、不成功的人来说，
>
> 就是地狱。[1]

正如弗里德里克·詹姆逊所指出的那样，这种把美国当作幻想之地的认识，尤其在美国从大萧条到战后麦卡锡主义之间的同时期，是"革命和社会主义建设的'道德等价物'"。[2] 但并非只在"30 至 50 年代持续的沉闷现实"中，布莱希特发现他新客居的国家并不处在异常状态中，而是一种与诸如战争和进步、集体与异化这样日常（alltäglich）的现代现象紧密联系的存在。他认为这是被建构起来的，活在自己危险的承诺之中，活在既为因又为果的所有矛盾之中。[3] 因此，布莱希特的美国时期证实了他对资本主义和法西斯主义、美国和德国之间关系的判断，以及他关于历史情景相互依存而非孤立的观点。毕竟，正是《乔·弗莱施哈克》中虚构的芝加哥小麦交易所，使布莱希特开始研究马克思主义以了解资本主义经济和民主经济的运行机制，从而在实践中寻找产生激进变革的条件。并不是说剧作家没有对他的好莱坞经历表示过沮丧和怀疑，部分原因

---

1 《好莱坞挽歌》（*Hollywood Elegies*，1942），GBA，xii 卷，第 115 页；约翰·威利特、拉尔夫·曼海姆译，埃里希·弗里德编，《贝托尔特·布莱希特：诗歌，1913—1956》，纽约，1976，第 380 页。
2 弗里德里克·詹姆逊，《布莱希特与方法》，伦敦和纽约，1998，第 16 页。
3 同上。

也在于他试图在电影业立足却全面失败，加之他在百老汇和外百老汇取得的成功也非常有限。但布莱希特的陌生感和自我疏离感可以看作为他提供了进一步的、明显的动力来调整他的理论和实践，以及他将历史搬上舞台的方法。

正如詹姆斯·里昂（James Lyon）所说，布莱希特可能"不情愿"开始他的美国流亡之旅，因为他年轻时对这片有着拳击与卓别林、狂野西部和工业化的土地的热情已经消退了。[1] 他被迫直面自己对这个神话之地的塑造。他的观察常常混合着自怜自艾的抱怨，尤其是在刚到好莱坞的头几个月里。抵达几个星期后，布莱希特写道："对我来说，几乎没有其他地方的生活比这个'悠闲'的停尸房更艰难。房子太漂亮了，我工作的内容就是掘金。"[2] 一周后，他又写道："我觉得自己仿佛脱离了年龄；这是一个大都市形式的大溪地。"[3]

尽管布莱希特不愿意涉足他认为是"卖淫"的电影业，他仍然努力寻找电影编剧的工作、建立合作关系并出售剧本。但是，除了与导演弗里茨·朗（Fritz Lang）1942年合作拍摄热门影片《刽子手也死了》（*Hangmen Also Die*）——两人在艺术价值和大众趣味方面的观念截然不同而显得割裂——因为这位德国剧作家几乎没有工作，更没

---

1 詹姆斯·里昂，《贝托尔特·布莱希特在美国》（*Bertolt Brecht in America*），普林斯顿，新泽西，1980，第5页。
2 《1941年8月1日日记》，GBA，xxvii卷，第10页。
3 《1941年8月8日日记》，GBA，xxvii卷，第10页。

有钱。这个家庭依靠福伊希特万格、魏尔和科施等朋友们的慷慨解囊，以及由欧洲流亡艺术家为支持流亡者设立的欧洲电影基金等组织发放的资助。魏格尔从"救世军"（Salvation Army）和"善愿"（Goodwill）这样的慈善公益组织那里购买家具和衣服。由于买不起车，布莱希特靠别人开车送他去开会赴约。

在美国，布莱希特和他的作品几乎无人知晓。在给海因里希·曼的一封信中，布莱希特将缺乏与出版界、舞台和其他方面的交流机会描述为"回到了中世纪"。[1] 诗集《好莱坞哀歌》（*Hollywood Elegies*）写于1942年夏末，它缺乏传统哀歌形式中典型的第一人称抒情叙述者，相反向"天使之城"投以疏远与批判的目光。在这个城市里，想象力也屈服于物质力量——音乐家们汲汲营营，作家们在"谎言市场"排队，"但丁摇晃着他那瘦弱的屁股"：

> 洛杉矶的天使
> 厌倦了微笑。傍晚时分
> 在水果市场的背面，他们出资买入，
> 疯魔地，小瓶子
> 里面盛满性的气味。[2]

---

[1] 《1944年12月20日致海因里希·曼的信》，GBA，xxix卷，第342页。
[2] GBA，xii卷，第115页。

艺术商业化，文化服务于伪装金钱渗透一切的力量，这对布莱希特来说并不是什么新鲜事，然而他仍然为这组本应为现代性进步潜力提供微妙而基础的机制的辩证法如此明显且毫不掩饰的崩溃感到惊讶。当陌生化已经在现实中失去了它的距离，那么如何为世界提供一种陌生化的目光？但正如他发现纳粹不加掩饰的暴力是法西斯主义矛盾的一部分一样，布莱希特感到不得不追索不断变化着的既定情况与可能性之间的关联。

这种关联及其演变是《战争入门》（War Primer）的核心，它由"照片警句"组成，这是布莱希特对所找到的出版材料——大多是来源于新闻的图片——与自己的诗歌评论组合起来的称呼。在20世纪20年代中期布莱希特就开始收集剪报，1938年他开始将照片和看到的文段粘贴进日记中。1944年纽约《奥美论坛报》（Austro American Tribune）的文学版上刊登了第一幅公开发表的"照片警句"，而《战争入门》直到1955年才全部完成。1945年，寄给身处新奥尔良的卡尔·科施的《战争入门》版本中包含66幅拼贴画，原文和图像分别重新拍照并缩小尺寸，贴在一小块黑色纸板上，然后固定在一个写着《战争入门》题目的文件夹里。科施在给布莱希特的回信中称赞这部作品是"关于这场战争的最好的东西"。[1] 1955年正式出版的

---

[1] 转引自安雅·费德森（Anya Feddersen），《战争指南》（Kriegsfibel），收录于雅恩·克诺普夫编，《布莱希特手册五卷本》，斯图加特，2001，ii 卷，第 384 页。

版本中包含 69 幅照片警句，增加了导言和尾声，以及一个封套，封套背面图案是一群学生在一所东德大学的演讲厅中，上面注有一首诗，首句是："不要忘记：和你一样的人曾奋斗。"[1]

照片警句这一形式的选择、各部分的整体构图和安排以及所包含的主体、主体性和视角，使得《战争入门》的意义比仅仅传达布莱希特对摄影图像的不信任、对"'西方'战争史的马克思主义纠正"要丰富得多。[2] 无论是在他广为引用的关于克虏伯家族和 AEG 工厂[3]使得社会关系具体可见的照片的观察中，还是在他对威廉·缪森伯格所办的、因刊登约翰·赫特菲尔德的摄影蒙太奇而出名的无产阶级杂志《工人画报》的赞美里，布莱希特都认为图像从来不是简单的谎言、虚假的意识或伪造，在它们的构建中总是有一种东西包含了图像本身的整体关联，能让人要么进入现实，要么拒绝现实。[4] 因此，《战争入门》是对一种言说作为生产、进步和主体性的探究，将图像和思想、神话和战争情境关联起来。按时间顺序排列的事件包括：军火和备战；西班牙内战；对波兰、挪威、丹麦、法国、

---
1 GBA, xv 卷, 第 291 页。
2 Cf. J. J. 朗（Cf. J. J. Long），《丰富的侧文本：贝托尔特·布莱希特〈战争入门〉中的摄影与文本》（*Paratextual Profusion: Photography and Text in Bertolt Brecht's War Primer*），《今天诗学》（*Poetics Today*），xxix/1 卷，2008 年春，第 197 页。
3 克虏伯家族是德国最大的重工业钢铁业公司，战争中涉足军工生产。AEG 公司（Allgemeine Elektricitäts-Gesellschaft），德国通用电气公司，开始生产灯泡、引擎等电子器件，后涉足供电业务。两者都是工业巨头。（译者注）
4 《三便士诉讼》（1931），GBA, xxi 卷，第 496 页；《在〈工人画报〉成立十周年之际》（1931），GBA, xxi 卷，第 515 页。

英国和苏联的侵略和占领；非洲、亚洲和太平洋的战争；犹太人逃往巴勒斯坦；美国对法国北部的入侵；以及德国战败、城市被毁、士兵回家。此外这本书还关注了要为第二次世界大战承担责任的权力和机构，包括政治家、工业界和天主教会；还关注苏联战事，并将其阐述为德国和苏联"兄弟"之间的斗争，他们各自的胜负只属于那些让工人和农民反目成仇的人。

对布莱希特来说，这场席卷全球的毁灭和恐怖的核心是阶级战争，是上层人（oben）与下层人（unten）的战争。[1] 有时，上层与下层之间的关系是直接的：照片警句第 19 幅以"这是一个上层与下层的时代"开头，后文并置征服的领空和起义，伴随着躲避、低调、消匿。[2] 其他部分谈到其构成不受国界约束、而由所有权决定的主人（Herren），和那些被压迫于"靴下"的人。德文中征服（Erobern）一词及其在德语中与下等（oben）的关联贯穿了整部《战争入门》，它作为一种超越语言、文化、历史和民族身份的态度，激励的是压制和占领。这种对特殊性的超越，被与取自德国政治宣传资料、斯堪的纳维亚报纸、《生活》（*Life*）杂志和其他各种来源的黑白新闻照片构成的视觉统一性并置在一起。

---

1 安雅·费德森在《战争入门》中讨论过这一关系，见雅恩·克诺普夫，《布莱希特手册》，ii 卷，第 388—389 页。
2 GBA，xii 卷，第 167 页。

《战争入门》,1938—1955,第19幅。

正是在这里,布莱希特的作品探究了一般性与特殊性之间的区别:媒体图片通过形式上的相似性投射出一种普遍性,将战争变成了一种特殊情况下的人文主义灾难,而《战争入门》则是在人与权力关系的处理中找到了特殊性。第43幅是一张来自《生活》杂志的图片,照片中,一名失明的澳大利亚士兵被一名腰缠土布的帮手引导着走路,杂志将这幅照片描述为"善良的巴布亚土著"。图片描述的最后一句是"两人都赤着脚"。[1] 在《战争入门》的语境中,步兵的失明和这同时赤脚的感人人性被与苏联和德国士兵所共有的阶级性相类比。在布莱希特的呈现中,这一共性是他所描写的美国士兵所不具备的,他们的战争被认为是一场正义与邪恶之间的本质之战,如同在狂野西部的舞台上一样:"一个人拔出了枪。我拔出了我的枪。我杀了他。就像电影里一样。"[2] 这是《生活》杂志的读者无法看到的,因为杂志对战争的整体性、复杂性及其描写是不完整的。对布莱希特来说,战争既是对疆域和权力的争夺,同时又毫不逊色地是一场图像和视角所有权的竞争。因此,《战争入门》作为一系列罗兰·巴特所谓的"场景画"(tableaux),表明战争及其表现本质上由民族的、文化的、准种族或者大众性的特征驱动,而非特定历史的经济议程和经济诉求。巴特写道,布莱希特的静态画"清晰投射,优先展示一种意义,但又表现这种意义的生产过程,这实现了视觉投射和思想投射的交汇"。[3]

布莱希特拒绝将战争视为一种例外状态。他感兴趣的

---

[1] GBA,xii 卷,第 215 页。
[2] 来自《生活》杂志摄影图片的标题,被用于第 40 幅照片警句,GBA,xii 卷,第 209 页。
[3] 罗兰·巴特,《布莱希特、狄德罗、爱因斯坦》(Brecht, Diderot, Eisenstein, 1973),重印收录于罗兰·巴特,《形式的责任:关于音乐、艺术和再现的批评文章》(The Responsibility of Forms: Critical Essays on Music, Art, and Representation),伯克利,加利福尼亚,第 90—91 页。

《战争入门》,1938—1955,第 43 幅。

是战争背后的机制,由利润、扩张和垄断问题决定的权力的获取和维持,而荣誉、种族和生存空间(Lebensraum)的言论则服务于合法化野蛮行径。为了反对法西斯主义并建立起一个能真正从大规模暴力剥削的压迫机器中解放出来的战后德国,必须将希特勒理解为一个德国公民(Bürger),而自由市场民主制度,甚至,或尤其是美国的自由市场民主制度,则必须被理解为彻头彻尾的"布尔乔亚"。对布莱希特来说,美国资本主义和德国法西斯主义尽管在维持霸权的暴力程度上有很大的不同,但却有着某些共同的基本政治动机和方法。其中一个相似之处是在意识形态上把敌人视为完全的他者。在1939年的一篇文章中,布莱希特问道,为什么小资产阶级甚至无产阶级要加入法西斯阵营?[1] 他给出的一个答案是,对个体及其财产而言,共产主义被谴责为空想的且危险的,而法西斯则承诺保护私有财产,其方式是扩张和构造差异(我们的-他们的)而非通过彻底重新定义社会关系来废除财产概念本身。当布莱希特在戏剧《阿图罗·乌伊》(*Arturo Ui*, 1941)中把希特勒塑造成一个置身腐败与谋杀、阴谋与诱惑环境的黑帮分子时,他不仅在资本主义和法西斯主义之间画出了相似之处,而且还去神话化并重新政治化了这个德国独裁者。

根据布莱希特的日记,在好莱坞山庄的许多聚会上,对法西斯主义命运的讨论常常将希特勒视为"无足轻重的戏子"或者为德国帝国国防军(Reichswehr)服务的牵线木偶(Hampelmann),正如"福伊希特万格和其他人"说的那样。[2] 与此相反,布莱希特"毫无保留地愿意视希特勒为一个伟大的资产阶级政治家",并确信这个专制者是"资

---

[1] 《为什么小资产阶级的危机乃至无产阶级倒向法西斯主义?》(*Why the Threat of Petty Bourgeois and Even Proletarian Strata Changing Over to Fascism?*, 1939),GBA, xxii 卷,第587—588页。
[2] 《1942年2月27、28日日记》,GBA, xxvii 卷,分别为第58、63页。

产阶级伟人观念的修改版"。[1] 希特勒不应该被仅仅理解为一个邪恶角色，而是"巨大的政治罪行的实施者，这两者是完全不同的东西"。[2] 对布莱希特而言，纳粹和他们的方法都不应仅仅被扫入疯狂和不可理喻的反历史垃圾箱，而是应该被作为社会、经济和心理的建构加以直面，加以研究，从而在未来才可以避免其再次出现或能够将之打败："同样，反闪米特主义也不是毫无意义（sinnlos），尽管它令人憎恶。"[3] 当报纸报道的"德国讯"宣布帝国国防军向莫斯科的进军因"零度天气"而瘫痪时，布莱希特冷冷地评价："当世界上最伟大的工业力量加入战争的时候，希特勒意识到苏联的冬天很冷。"[4] 几个月后冰雪导致士兵冻僵和截肢，布莱希特花了很多天和很多篇幅来论证"阶级"作为一种观念、一种意识和"阶级"作为一种现存的社会形态之间的区别。当德国和美国的知识分子对整个国家的人民如何屈服于谋杀和伟大的集体诞妄产生分歧时，布莱希特认为："战争经济与之导致的就业市场的关闭已经破坏了阶级的经济观念。剩下来的是阶级本身。幸好它不是一个概念。"他继续说："认为由于没有无产阶级（作为劳动力）就不能打仗，所以一场不同情无产阶级的战争不可能

---

[1] 《1942年2月28日日记》，GBA，xxvii卷，第63页。
[2] 《关于〈阿图罗·乌伊〉》（*Remarks regarding Arturo Ui*），GBA，xxiv卷，第316页。
[3] 《1942年2月28日日记》，GBA，xxvii卷，第64页。
[4] 《1941年12月12日日记》，同上，第23页。

开打,这样的推论是错误的。"[1]

这场战争有两条战线——德国内部与外部,外部战线对阵其他国家(布莱希特写道,"德国人民"是"最先被征服的")。他的文章《另一个德国:1943》(*The Other Germany: 1943*)试图说服美国公众,事实上德国内部存在抵抗运动,德国人民不应该被简单地等同于纳粹机器:"希特勒在践踏其他国家之前,先践踏了他自己的国家……他在自己的国家中制造战俘。1939年,战俘人数达到20万——比苏联在斯大林格勒俘房的德国人还多。"[2]〔这篇文章由埃里克·本特利(Eric Bentley)翻译,在布莱希特的要求下,他试图将其发表在"像《星期六晚邮报》(*Saturday Evening Post*)"那样的流行报刊,但未果;直到1966年这篇文章才最终付梓。〕布莱希特接着指出,尽管纳粹利用魏玛共和国的经济形势,使无产阶级在为了工作和粮食的竞争中自相残杀,但德国人民确实和它的政权一样,对战争的热情十分高涨,就像为工作和土地而战一样:"在斯摩棱斯克附近的某个地方,一个西里西亚士兵把枪口对准了一辆苏联坦克,如果坦克不停下,他将会被碾碎。几乎没有机会让人意识到,他枪口指向的其实也是失

---

[1]《1942年1月8日日记》,GBA,xxvii卷,第46页。
[2]《另一个德国:1943》(1943),GBA,xxiii卷,第24页。一个更短的德语同名文章发表在《德裔美国人》(*The German American*),1944年1月第9期,GBA,xxiii卷,第30—31页。

业……战争要求上缴一切，但它也提供一切。战争提供了食物、住所、工作。"然而布莱希特认为，其中有他所谓的"某处巨大的计算错误"，他继续道：

> 政权不得不选择战争，因为人民需要战争；但人民仅仅在这个政权下需要战争，因此不得不寻找另一种生活方式。通往这个结论的道路是漫长的。因为这是一条通往社会革命的道路。[1]

这种拒绝把纳粹政权等同于德国人民的做法，对德国民众在反法西斯斗争中扮演的角色和国际社会参与消灭希特勒的行动产生了影响。布莱希特与其他流亡者一起，就境内外德国人应采取的行动撰写了大量公开宣言。1942年1月1日，由美国、英国、苏联和其他23个国家组成的反希特勒联盟宣布通过联盟的政治军事联合孤立纳粹德国时，布莱希特参与制定了一份关于如何最好地援助德国内部反对派的建议清单：用一种"诚实的政治宣传"来抗击戈培尔所宣传的神话——"希特勒和德国是一体的"。[2] 这种宣传将来自境外反对派，当纳粹政权因军事挫折而被削弱时，乘机提醒德国民众他们手中的主权。1942年3月19日，纽

---

[1] GBA, xxiii 卷，第 27—28 页。
[2] 《关于 26 个联合国家的声明》（*Regarding the Declaration of the 26 United Nations*, 1942），GBA, xxiii 卷，第 7 页。关于戈贝尔将人民与元首神话化一体化的评价，见《1943 年 8 月 2 日日记》，GBA, xxvii 卷，第 163 页。

约《洲际新闻》(*Intercontinent News*)刊登了一份由布莱希特、福伊希特万格和海因里希·曼签署的电报,开篇写道:"德国人民!这个呼告是对拯救的号召,拯救所有人,也包括你们,德国人民!你们已经将世界和你们自己置身于巨大的灾难之中……只有你们才能中止这场最具毁灭性的、最无意义的战争。"[1]

其他流亡者则难以相信德国人民有能力并且有意愿甩掉法西斯的枷锁。1943 年,一个由苏联境内德国战俘和流亡者构成的组织 NFKD 发表宣言,呼吁德国人民和士兵结束这场战争,布莱希特组织了一次作家和知识分子会议以写作一篇立场声明作为回应。这篇由海因里希和托马斯·曼、福伊希特万格、布鲁诺·弗兰克(Bruno Frank)、路德维希·马尔库塞、布莱希特等人组织并签名的回应文章,支持 NKFD 的呼吁,号召"德国人民迫使压迫者无条件投降"并且"有必要将希特勒政权和与之相连的社会阶层与德国人民(Volk)鲜明地区分开来"。[2] 但第二天,托马斯·曼和布鲁诺·弗兰克就撤回了他们的签名。据布莱希特说,曼认为这份宣言是一个"爱国声明","在盟国背后捅了一刀",并不一定反对盟国"惩罚德国十年或二十年"的想法。[3] 这重燃了布莱希特对曼从前就有的鄙视之情。

---

[1] GBA, xxiii 卷,第 423 页。
[2] 《1943 年 8 月 1 日日记》,GBA, xxvii 卷,第 161 页。
[3] 《1943 年 8 月 2 日日记》中的引用,GBA, xxvii 卷,第 163 页。

布莱希特写了一首题为《关于诺贝尔奖得主托马斯·曼授权美国人和英国人为希特勒政权的罪行惩罚德国人民十年》(*Upon the Nobel Prize Winner Thomas Mann's Authorizing the Americans and the English to Punish the German People Ten Years for the Crimes of the Hitler Regime*，1943）的尖刻的诗，并在他的个人日记中提醒自己，这就是虚弱的"'文化承继者们'的彻头彻尾的悲哀"。[1]

现实主义们

自 20 世纪 30 年代中期以来，布莱希特曾多次尝试在百老汇和外百老汇上演他的戏剧，但在艺术与政治角色方面，却屡屡遭遇过于二元对立的期待。对一些美国制作人而言，他的作品过分宣传政治，而对其他制作人来说，他的作品又不够民粹主义。纽约剧院联盟（New York Theater Union）是那时美国最著名的"工人剧院"，但由它制作的戏剧《母亲》以布莱希特被扔出排练室、联盟破产而告终。[2] 在此之前，剧院联盟将布莱希特从其丹麦流亡中解救出来，运往美国，但在排练《母亲》期间，布莱希特意

---

[1]《1943 年 8 月 2 日日记》中的引用，GBA，xv 卷，第 90—91 页。
[2] 参见李·巴克桑德尔，《布莱希特在美国，1935》(*Brecht in America, 1935*)，《戏剧评论》(*The Drama Review*)，1967 年秋刊，第 69—87 页。

识到这部戏已经剥夺了他关于去熟悉化的戏剧体验,他大发脾气,大吼——"这是狗屁!"直到被赶出剧院。这个简化的、折中的《母亲》版本被媒体斥为"说教"而"矫揉造作","业余"而"做作","是给孩子们的娱乐,因为它是共产主义儿童的幼稚幼儿园"。[1] 在人民阵线联盟和罗斯福新政取得经济成功的大环境下,布莱希特在美国的接受出现了倾向与技术的分化。与承认对社会变革与认知美学政治形式的承诺之间存在辩证的关系不同,布莱希特作品的接受要么将其革命性内容否定为"共产主义幼稚",要么就是以精英主义和过度知识分子化反对其反幻觉主义的戏剧方法和文章。[2]

意识到了这两种分裂的接受方式,布莱希特在他接下来的两部剧作中明确地锚定美国中产阶级观众,正如他后来向舞台设计师莫德凯·戈雷利克(Mordecai Gorelik)承认的那样。本质上讲,剧作家的做法帮助他的评论家将他的革命意图与他的诗歌戏剧作品分离开。这种针对性的方法在未来也导致对布莱希特整体的戏剧和美学政治的批判。尽管他做出了让步,包括"大团圆"的戏剧性结局,尽管

---

[1] 分别引自 E. J. R. 伊萨克斯(E. J. R. Isaacs),《戏剧艺术》(*Theatre Arts*),1936 年第 20 期,第 13 页;《每日镜报》(*Daily Mirror*),1935 年 11 月 20 日;《布鲁克林日报》(*Brooklyn Daily Eagle*),1935 年 11 月 20 日。
[2] 大卫·巴特里克,《布莱希特的马克思主义与美国》(*Brecht's Marxism and America*),《关于布莱希特的文章:戏剧与政治》(*Essays on Brecht: Theater and Politics*),齐格弗里德·缪斯(Siegfried Mews)、赫伯特·诺斯特(Herbert Knust)编,教堂山,北卡罗莱纳,1974,第 212 页。

他也签订了合同,并在 1944 年于纽约参与创作剧本《高加索灰阑记》,但这部戏在布莱希特的美国岁月中从未上演过。同时,20 世纪 40 年代在美国上演的《优等民族的私生活》获得了好评,这让布莱希特被重新看作一个和平主义的而不是一个致力于阶级斗争的剧作家。[1]

只有美国左派的一小部分对布莱希特美学中的社会主义内容和形式保持关注。其中,批评家和小说家伊娃·戈德贝克(Eva Goldbeck)在 1935 年发表在《新大众》(The New Masses)上的一篇文章中,阐述了教育剧的重要革命意义。戈德贝克认为,指导工人辩证地思考,而非给他呈现某种幻觉和精彩的假象,是布莱希特最初努力的核心:

> 戏剧中始终存在的兴奋情绪当然并没有被忽略;但它被最小化处理了,用于使智力清晰而非混沌。意义重大地……这种新的戏剧方法被称为教育剧(Lehrstück)。[2]

同时,戈德贝克的丈夫,作曲家马克·布利茨泰(Marc Blitzstein)在布莱希特身上找到了"事业的溶剂"。[3] 1936 年,布利茨泰创作了著名的戏剧《摇滚摇篮》(The Cradle

---

[1] 贝托尔特·布莱希特,《优等民族的私生活》,埃里克·本特利翻译、导言,纽约,1944。
[2] 伊娃·戈德贝克,《新大众》(The New Masses),1935 年 12 月 31 日,第 27 页。
[3] 里昂,《布莱希特在美国》。

WillRock),将他对流行音乐和语言的兴趣与激进的社会意识融为一体。这部献给布莱希特的《摇滚摇篮》源于与剧作家的一次谈话,谈话内容关于卖淫作为一种现代状况,已经渗透到意识形态生产的所有领域,包括媒体、宗教和知识生活。第二年,布莱希特的朋友戈雷利克以《史诗现实主义:布莱希特的〈三便士歌剧〉笔记》(*Epic Realism: Brecht's Notes on The Threepenny Opera*)为题,出版了他翻译的一些布莱希特早期的理论文章,并附以他自己对这些理论的阐释。[1] 戈雷利克后来还在其影响深远的《为古的新戏剧》(*New Theatres for the Old*,1940)一书中对布莱希特的戏剧进行更详细的讨论。[2] 戈雷利克的研究是关于布莱希特戏剧最早的历史性讨论之一,他将之与其他相关的现象并列讨论其相似之处,如苏联戏剧、欧文·皮斯卡托的政治戏剧,以及成立于1935年、由美国报业工会赞助的美国联邦戏剧计划"制作组织"《生活报》(*Living Newspaper*)。[3]

在与其他马克思主义流亡者的讨论中,尤其是与社会研究所成员——也就是1934年一起来到纽约、1941年起扎根于美国西海岸的"法兰克福学派",布莱希特对他的方法做出的让步要少得多。布莱希特的美国日记中记述了几

---

[1] 莫德凯·戈雷利克,《史诗现实主义:布莱希特的〈三便士歌剧〉笔记》(*Epic Realism: Brecht's Notes on The Threepenny Opera*),《戏剧工作坊》(*Theatre Workshop*),1937年4—7月刊,第29—40页。
[2] 莫德凯·戈雷利克,《为古的新戏剧》,纽约,1940。
[3] 伯恩纳德·索贝尔(Bernhard Sobel)编,《新戏剧手册和戏剧分析》(*The New Theatre Handbook and Digest of Plays*),纽约,1959,第429页。

次与西奥多·阿多诺、麦克斯·霍克海默（Max Horkheimer）、弗里德里希·波洛克（Friedrich Pollock）和其他知识分子"Tuis"的交往。尽管布莱希特和法兰克福学派成员同样关注资本主义和法西斯主义下的文化生产，但他们对彼此都抱着敬而远之的怀疑态度，有时甚至是赤裸裸的敌意。阿多诺和霍克海默认为布莱希特的唯物主义庸俗而简单，他的阶级斗争观念和对工人阶级是一种历史革命力量的信奉已经过时，而且不具辩证性。虽然阿多诺指责剧作家为反智主义，但他本人并不排斥奇怪而粗暴的个人言论。他曾说过一句臭名昭著的评价：布莱希特每天要花几个小时用指甲抠泥巴，从而显得更加无产阶级。[1] 但从布莱希特的日记来看，他才是那个不断诱导和嘲讽"Tuis"的人。他鄙视他们的精英主义，指责他们在领导一场虚伪的革命斗争，除了鄙视普通人和他们的经历再无其他。在布莱希特到达圣莫尼卡的几周内，他在一个花园派对上遇到了他口中的"双人小丑（Doppelclown）霍克海默和波洛克"：

> 他们用他们的钱维持着十几个知识分子的生活，所有这些人都必须上交自己的作品却不能保证《杂志》（社会研究所的杂志）会发表。他们因此可以宣称："节省研究所的经费是

---

[1] 赫伯特·马尔库塞的采访，由里昂，《贝托尔特·布莱希特在美国》转述，第258页。

他们这些年的最主要的革命任务。"[1]

布莱希特认为社会研究所是问题的一部分,他们缺乏对如何在消极批判之外与大众文化的怪兽进行富有成效的斗争的关注,这意味着一种共谋。

布莱希特计划写一部"Tuis 小说"已经有一段时间了,在加利福尼亚流亡期间他收集了越来越多的灵感和素材。这个计划虽然始终只是片段,但是关于它的思考却在每一次与"法兰克福学派成员"接触的过程中得到确认。[2] 1942 年 6 月,布莱希特参加了研究所举办的一个研讨会,回忆说霍克海默"惊恐"于美国副总统亨利·华莱士(Henry Wallace)的一个声明,华莱士称战后世界上每个孩子每天都应该得到一品脱牛奶。"研究所在想,如果资本主义发放那么多牛奶(根据经济学家波洛克的专业知识,这是可以办到的),那么这是不是文化遭遇巨大威胁的开端。"[3] 与布莱希特在 1935 年的巴黎保卫文化国际作家大会上的讲话相呼应,他质疑拯救文化的有效性,认为必须考虑什么被认为是文化,而文化与那些对自己的命运缺乏控制的人的需求又有什么关系。对他来说,坚持把文化作为非功利、超历史领域的道德概念保存是反革命的。艾斯

---

[1]《1941 年 8 月日记》,GBA,xxvii 卷,第 12—13 页。
[2]《退思小说》(*The Tui-Novel*,1931—1954),GBA,xvii 卷,第 11 页。
[3]《1942 年 6 月 16 日日记》,GBA,xxvii 卷,第 105 页。

勒向布莱希特提议，Tuis 小说的情节应该以法兰克福学派的历史为蓝本：

> 一个富有的老人死了，深深苦恼于世界上所有的苦难。他留下一大笔钱，用于建立一个研究所，用于发现苦难的根源，当然，真正的根源就是老人自己。[1]

布莱希特与法兰克福学派成员关于文化生产与大众经验之间的关系性质的对峙有一个所谓的表现主义辩论（Expressionismusdebatte）的先例，这场辩论始于 1938 年杂志《词》上发表的恩斯特·布洛赫和格奥尔格·卢卡奇关于表现主义艺术与社会现实间关系的激烈交锋。这场辩论很快就有了新的成员加入，最突出的有布莱希特、本雅明和阿多诺，后两位虽然只在外围参与了论战，但却沿着美学与政治、先锋艺术的角色和民众的角色等关键问题拓展了议题。[2] 尽管布莱希特最初被指定为《词》的三位主编之一，但他的稿件从未在这本刊物上发表；它实际上是由与卢卡奇有着密切的个人联系和意识形态关联的记者弗里茨·厄本贝克（Fritz Erpenbeck）运营的。布莱希特在政治和空间上都远离了他不屑一顾的"莫斯科集团"，他希望在形式和

---

[1]《1942 年 5 月 12 日日记》，GBA，xxvii 卷，第 94 页。
[2] 参见罗纳德·泰勒（Ronald Taylor）编，《美学与政治：德国马克思主义内经典辩论的关键文本》（*Aesthetics and Politics: The Keys Texts of the Classic Debate within German Marxism*），伦敦，1980。

态度上能找到卢卡奇和俄国著名导演康斯坦丁·斯坦尼斯拉夫斯基（Constantin Stanislavski）的"莫斯科现实主义"之外的另一条路。他发现自己的致信没有得到回应，而他1937年建议杂志发表本雅明的文章《机械复制时代的艺术作品》又遭到拒绝，他抱怨说，表现主义论争的形式主义特征一旦开始，就是"非常有害和混淆视听的"。[1]

将这本人民阵线刊物的投稿人团结起来的，是他们试图为反法西斯文学奠定形态的目标。但正如布莱希特在巴黎观察到的那样，法西斯主义被以一种笼统的姿态谴责，与特定历史性的阶级概念没有区别，而苏联自1936年以来的文化氛围已经转向一种好斗的、有时甚至是激烈的"反对形式主义和自然主义"的运动。[2] 这种艺术方针的根本性改向恰恰发生于斯大林主义时期，许多与《词》有关联的作家和表现主义论争的参与者成为肃反运动的受害者，其中包括布莱希特《库勒·旺贝》的合作者恩斯特·奥特瓦尔特和表现主义的主要理论家之一赫瓦尔特·瓦尔登（Herwarth Walden）。对布莱希特来说，反法西斯主义的斗争始终意味着为无产阶级和民众而战，他正是带着重新定义大众化（Volkstümlichkeit）和现实主义（Realismus）概念的企图，加入了布洛赫和卢卡奇的辩论中。

---

[1]《1938年7/8月致威利·布雷德尔的信》，GBA，xxix卷，第107页。
[2]《真理报》（*Pravda*）上一篇匿名文章的标题，转引自雅恩·克诺普夫，《布莱希特手册》，iv卷，第233页。

尽管对表现主义文艺的谴责在流亡的德国知识分子中已经酝酿了数年,《词》刊出布洛赫的《关于表现主义的讨论》(Diskussionen über den Expressionismus)一文以回应卢卡奇对表现主义的攻击。布洛赫在表现主义文学和绘画中看到了一种普遍经验的反映,即中产阶级经验体系破产,其人文艺术理想整体论碎裂一地,从中产生了碎片化与陌生化的经验。布洛赫认为,相对于传统和超历史,现代主义和当下的表现主义使美学工具可以用于群众斗争。如果资产阶级资本主义意识形态的表层裂隙中充满的不是可能性,而是一种被视为抽象的、非历史的整体性的衰败,那么,这才会像卢卡奇认为的那样,显得像一种"非理性主义……虚伪的行动主义"。[1] 事实上,卢卡奇认为现实主义能"镜像反映客观现实"。[2] 他认为资本主义现实是整一的、总体的、连续的,而拼贴和蒙太奇等美学形式只是模仿资本主义(陌生化)的心理和社会效应,而不能向工人阶级展示一种连续的、易懂的将现实作为一个整体的解读。对布洛赫来说,"现实主义"是对历史真实经验的表达,但对卢卡奇来说,它意味着对产生这种经验的相当稳定和连贯的情境的消除性表达。

---

[1] 恩斯特·布洛赫,《关于表现主义的讨论》(Diskussionen über den Expressionismus),《词》,1938 年第 6 期,重印英译本收录于泰勒,《美学与政治》,第 17 页。
[2] 格奥尔格·卢卡奇,《关于现实主义》(Es geht um den Realismus),《词》,1938 年第 6 期,重印英译本收录于泰勒,《美学与政治》,第 43 页。

布莱希特认为这种消除,即理想与现实、理论与实践之间的单向脱节,在讨论本身中重现。他指责卢卡奇把阶级斗争形式化:

> 对卢卡奇来说,早期资产阶级小说(歌德)中有着"广博丰富的存在",小说唤起了"于完全展开的宽度中塑造整个存在的幻觉"。模仿!什么都没有展开,没有什么存在变得宽广!

美学和政治的辩证法,形象、想象力和行动的辩证法,必须发展。像卢卡奇这样阻碍这种发展的人实际上阻碍了公众主体性的发展:"现实主义的辩论阻碍了生产。"[1] 当布莱希特向本雅明抱怨他与莫斯科圈子的遭遇时,本雅明评价说"和这些人在一起,不可能建立国家"(德国的一个谚语,比喻把思想转化为政治结果),布莱希特回答说:"或者只是一个国家,但没有集体。他们只是生产的敌人。他们怀疑生产。不能相信它。它有一些难以预料的东西。你永远不知道会有什么结果。"[2] 而布莱希特把这种对大众生产的恐惧归咎于苏维埃:"在俄国,你所拥有的是无产阶级的专政。"[3]

---

1 《1938年8月18日日记》,GBA,xxvi卷,第321页。
2 瓦尔特·本雅明,《1938年7月25日日记》,《文集》,vi卷,第537页。
3 转引自同上,第539页。

布莱希特在这场辩论中有一篇投稿《大众化与现实主义》(*Popularity and Realism*) 写于 1938 年 6 月,但未被刊发,他在这篇文章中指出,一个被压抑的民族必须自己甩掉野蛮主义的枷锁,而不是复制一种顺从依赖的结构。这种抵抗必须是集体的,而非指派的;它必须是民众的而非民粹的,不是以人民的名义而是由人民来执行。鉴于纳粹对仪式和习俗(Volkstum and Brauchtum)的神话化,这个任务有着不小的困难。因此,艺术家的作用是促进集体生产实现物质和非物质所有权特定的历史性的转变。布莱希特仔细地定义了大众化和现实主义的概念,值得引录全文:

> 大众化是指:广大群众可以理解,采用并丰富他们的表达形式/预设他们的立场,确认和纠正它/代表人民中最进步的部分,使之能够承担领导责任,从而也可以为其他部分的人民所理解/与传统有关并发展传统/与谋求领导权的那部分人民沟通目前统治国家的那部分人的成就。
>
> 现实主义是指:发现社会的因果综合体/揭开看待事物的普遍观点和当权者的观点/站在为陷入紧迫困难的人类社会提供最广泛的解决办法的阶级立场上写作/强调发展的因素/使可能的东西具象化,并从中发展可能的抽象。[1]

---

[1] 《大众化与现实主义》(1938),GBA,xxii 卷,第 1 部分,第 408—409 页;泰勒,《美学与政治》,第 81—82 页。

因此，反法西斯无产阶级艺术关注的是，用雅克·朗西埃的话说，"合理的……制作生产的分配"。[1] 它试图理解和重构使政治变得可见、可感的方式，以及由互相竞争的力量所主宰的制作生产方式，这些力量包括传统与历史、幻想与经验、伦理与道德。艺术家、诗人、剧作家的作用不是提供另一种真理，而是揭示声音和观点间的互相竞争，从而使无产阶级的生产、生产能力的再分配成为可能。这也是布莱希特和本雅明在美学和政治上的交汇点。也许《词》和法兰克福学派拒绝接受《机械复制时代的艺术作品》中所阐述的观点也不足为奇。现在广为人知的本雅明对政治审美化和美学政治化的区分，被反复解读为一种反美学的策略，或者用阿多诺的话说，"艺术的清算"。[2] 虽然这篇文章经修改于1936年发表在研究所的《社会科学杂志》上，但阿多诺认为它是一种简化和幼稚的参与性文化概念，并对其提出异议。[3] 本雅明认为无产阶级文化源于摄影、电影等可复制媒介对艺术品"光晕"的破坏，这里本雅明将"光晕"与"无功利性"和"自主性"等同起来；而在阿多诺看来，无产阶级文化并不是乌托邦式社会化的

---

1 雅克·朗西埃，《美学的政治》(*The Politics of Aesthetics*)，伦敦，2004，第12—13页。
2 西奥多·阿多诺，《1936年3月18日致瓦尔特·本雅明的信》，重印收录于泰勒，《美学与政治》，第121页。
3 瓦尔特·本雅明，《机械复制时代的艺术作品》(*Das Kunstwerk im Zeitalter seiner technischen Reproduzierbarkeit*)，《社会科学杂志》(*Zeitschrift für Sozialforschung Jh.*)，1936年第5期，重印收录于《文集》，i/2卷，第435—469页。

艺术，而是一种已经存在并且产生了被动性和服从性的大众文化："电影院里观众的笑声……绝非好的或革命的；相反，它充满了最坏的资产阶级虐待狂。"[1] 甚至布莱希特有时也对这种技术上的乐观主义持怀疑态度："（它是）神秘主义的，同时又保持着反神秘主义的态度。"[2] 布莱希特在写本雅明以及他们各自对艺术和政治的看法时，从未与阿多诺有过互动，尽管阿多诺将本雅明的天真无知归咎于布莱希特已不是什么秘密。布莱希特在思索本雅明自杀的一段笔记后，写了一篇关于法兰克福学派作为"幸存者"和"学术棕榈树"的日记。笔记中布莱希特谈到本雅明寄给研究所的最后一部作品，谈到作者拒绝将历史当作"一个进步的序列，一个死去的头颅们所从事的强大事业"。[3]

与其在此进行继弗里德里克·詹姆逊之后"不明智"的阿多诺和布莱希特之间的比较，不如就艺术、政治和技术谈几句话。两人都看到了大众文化的弊端，但他们对其原因和对抗方式的理解不同。正如詹姆逊自己所观察到的那样，"他们的共同点显然是一种对当下的讽刺，一种辩证的犬儒主义；而将他们分开的是希望的原则"。[4] 在布莱希特看来，大众文化与其说生产虚假意识，不如说是当批判性分析及其宣传的增长的、释放出来的大众化与经济利益

---

[1] 阿多诺，《致本雅明的信》，收录于泰勒，《美学与政治》，第123页。
[2] 《1938年7月25日日记》，GBA，xxvi卷，第315页。
[3] 《1941年8月9日日记》，GBA，xxvii卷，第12—13页。
[4] 詹姆逊，《布莱希特与方法》，第163页。

5 流亡美国：间离辩证法与"烹饪"艺术，1941—1947　231

1938 年 11 月 23 日，纽约流亡报刊《工人》（*Der Arbeiter*）对布莱希特进行了专题报道。

构成冲突时，大众文化回避"真正的思想"或毫不思考，或者仅仅是资产阶级思想的"烹饪"版。[1] 布莱希特和本

---

[1] 《关于经典的谈话》（*Conversation about Classics*，1929），GBA，xxi 卷，第 310 页。

雅明并非盲目地相信技术复制会孕育社会主义（文化）生产，而是对艺术的技术化有着同样的兴趣，其中确实包含图像制作的新工具作为获取生产工具和广泛传播的直接手段。但这也意味着，透过技术的棱镜审视文化的"制造生产"，包括技术参数和技术可能性——从而提问、分析并扩展了有关劳动和分配、实用性和功能性的问题。

星群

尽管资源和机会有限，布莱希特还是在反法西斯和为无产阶级的斗争中着手运用并发展了他的大众现实主义观念。在纽约拜访露丝·贝劳时，他获得了与战争信息办公室海外广播电台节目部的负责人约翰·豪斯曼（John Houseman）见面并合作的机会。他们筹集了足够的资金，聘请了几名乐手和歌手洛特·伦亚（Lotte Lenya）并录制了一些歌曲。布莱希特关于这些录制唯一一条简短的笔记中说，德绍创作了音乐，"德国台暗中破坏了它们"。[1] 这些作品，包括如今唯一幸存的伦亚演唱《德国母亲之歌》（*Song of a German Mother*）的录音，从未真正播出，因为美国国务院的德国分部和英国情报局担心这样的节目会激

---

[1] 《1943 年 3、4、5 月日记》，GBA，xxvii 卷，第 150 页。

起德国听众的敌意。同年4月,布莱希特参加了纽约亨特学院举行的一场声势浩大的反战活动,活动中他朗读了他的《1939儿童十字军》(Children's Crusade 1939)和《战争入门》,并配以皮斯卡托准备的幻灯片,伦亚和库尔特·威尔还演唱了《三便士歌剧》和《幸福结局》(Happy End)中的歌曲。布莱希特还加入了"民主德国委员会",其宗旨是协助抵抗运动,改善在美的德国战俘营中反法西斯囚犯的待遇,并影响盟军重建战后德国和欧洲的政策。委员会因其对德国人在其他国家的暴行、对犹太生命的系统性破坏保持沉默,受到美国媒体的攻击。有人认为,委员会的成员包括其犹太成员都赞同布莱希特的观点,即法西斯主义是对权力和财产的垄断,利用种族和其他形式的迫害正当化其行动,但这些并非其行动的根本原因,因此需要把它作为法西斯主义这个政治现象不可分离的一部分来理解。[1] 然而,布莱希特在这个问题上的公共话语中保持了相对的沉默,这沉默仍然是个可以讨论的问题,因为他的作品主张将历史的特殊性作为政治思想和行动的核心,但在个体责任以及思想、态度和行动间关系的方面,与他的关于纳粹给整体德国人民造成普遍苦难的官方声明相比,有很大不同。

为了进一步协助自由斗争,布莱希特与维兰德·赫兹

---

[1] 参见里昂,《贝托尔特·布莱希特在美国》,第278页。

菲尔德和作家、《工人画报》前编辑 F. C. 魏斯科夫（F. C. Weiskopf）一道，成为德国流亡出版社曙光（Aurora）的创始编辑之一。他坚持要出版一种有助于在德国战俘和欧洲德语使用者中培养反法西斯意识、革命意识的文学。虽然布莱希特想利用出版社为委员会领导的美国德军俘虏营再教育提供文学作品的计划失败了，但曙光在1945年至1947年期间出版了印数在1000到4000不等的12本书，其中包括布莱希特的戏剧《优等民族的私生活》。

布莱希特也继续进行着他在战略性交流形式方面的实验，尤其是在他抵达美国之前开始的三个项目：《流民对话》（*Refugee Dialogues*）、理论著作《买铜》（*Buying Brass*）和戏剧《伽利略》（*Galileo*）。《流民对话》开始时，布莱希特在1940年的笔记中将之描述为"一篇当代题材的讽刺小说"，流亡美国期间发展为两个法西斯主义逃犯——工人卡勒和"学者"物理学家齐弗尔——之间的对话。[1] 这部作品部分是他流亡经历的自传，部分则是对资产阶级民主观念的辩斥。它的主题是辩证法，这既是主题，也是方法，两个主角就人民阵线与革命、思想与物质真理、人文主义与劳动以及重新分配知识分子在阶级斗争中作用的必要性展开辩论，最后一点也是布莱希特进行中的知识分子批判的一部分。对话一开始，齐弗尔举起啤酒杯，"目光

---

[1]《1940年8月1日致美国文化自由协会的信》，GBA，xxix卷，第184页。

越过它",开口道"啤酒不是啤酒",但护照必须是护照,才能发挥作用,穿越边境,逃离险境。[1] 在布莱希特看来,概念与事物、思想与经验、可能性与必然性的调和是一种平民化或大众化视角的具体体现,而对这种调和的认识或理解正是阶级意识的本质。

对话形式作为一种开放的、实验性的、关联性的方法和平民化实践,也是《买铜》的核心。这个项目始于1939年,试图阐明一种全面的戏剧理论,正如作者所说的那样,它本身是受到《伽利略》中对话的启发。[2] 此外,《买铜》必须置于布莱希特在表现主义论争中试图在斯坦尼斯拉夫斯基的"莫斯科现实主义"之外提供另一种选项的背景下看待。布莱希特反亚里士多德的史诗戏剧,强调产生主体而非共情,正是这位影响深远的俄国导演方法论的克星。1938年斯坦尼斯拉夫斯基去世之际,布莱希特不屑地写下关于"斯坦尼斯拉夫斯基学派的谎言,它的艺术殿堂、文字服务、诗人崇拜,它的内向性、纯粹性、崇高性、自然主义"的文章。[3]《买铜》不仅是对共情戏剧法的批判,而且在社会主义现实主义对斯坦尼斯拉夫斯基方法的正式承认,以及更多实验性美学团体(包括特列季亚科夫和梅耶霍尔德等人)被清洗的语境下,为社会主义现实主义的马

---

[1]《流民对话》(1940—1944),GBA,xviii 卷,第 197 页。
[2]《1939 年 2 月 12 日日记》,GBA,xxvi 卷,第 327 页。
[3]《1938 年 9 月 9 日日记》,GBA,xxvi 卷,第 324 页。

克思主义经典化提供了一个解释。史诗戏剧,尤其是在冷战思维积极地对革命的、先锋的形式去政治化的情况下,常常被等同于一种简单化的、煽动性的对阶级斗争的呈现,而《买铜》则既应用又阐述了特定分析和转化的辩证方法。这部戏剧由一位非正统马克思主义哲学家与"戏剧人"在剧院的对话组成,每个人都对戏剧有不同的特殊见解:哲学家希望向公众展示社会机制的真实形象,从而产生主体性;男演员追求自我表达,具象化幻觉的、共情的戏剧;女演员则要求一种具有教育性和社会进步性的艺术。戏剧家是参与讨论中最有发言权的人之一,他的目标是为戏剧在历史上确定一个新的位置,因此渴望与哲学家合作。而舞台道具、一个"工人和对世界不满的人",则是剧场中的另一种劳动形式,并显著地表现了"新观众"的特征。[1]

哲学家形容自己是一个"买铜商人,到乐团来不是为了买小号而只为买铜"。[2] 他的兴趣在于审美工具的物质功能。剧中向读者明确指出,戏剧的模仿应当是为了能对被模仿者进行批判。布莱希特的陌生化策略带来间离效果(Verfremdungseffekt)中的间离,是对舞台与观众、虚构与现实、物质与非物质劳动等互相关联的要素之间关系的阐述。然而关键不在于从外部观察这种关联,而恰恰是在这种关联内部找到位置。《买铜》以四个"夜晚"为架构。第

---

[1] 《买铜》(1939—1955),GBA, xxii 卷,第 2 部分,第 695—696 页。
[2] 同上,第 778 页。

一夜，哲学家批评戏剧性的自然主义，理由并不是它说了令人信服的谎言，而是因为它将个人牵扯进世界的运作中去：它将历史描绘成不可改变的，否认社会意识。哲学家论证道："我们都对自己行为的影响十分不清楚。事实上，我们很少知道我们为什么要这么做。科学在这个问题上鲜少挑战偏见。它一再地实现那些可疑的动机，贪婪、野心、愤怒、嫉妒、懦弱等等。"然后回顾我们所做的事，又似乎情境和行动是由"我们影响范围以外的因素"所引导的。在一个很少有人采取激烈行动来改变历史进程的时代，艺术的责任是量定态度和主体之间的联系，从而提供一种特殊的科学：

> （人们）知道扔石头的时候石头会往一边落下而不是往另一边，但他们不知道为什么扔石头的人为什么这样做而非那样做。人们可以对付地震，却不能对付彼此。[1]

科学时代的戏剧需要去自然化，扩大人类的影响范围。

第二夜，哲学家介绍了布莱希特的美学方法中至关重要的两种不同类型的戏剧：天文馆型（planetarium）或 P 型，以及旋转木马型（karousel）或 K 型，分别指代新旧戏剧。K 型剧院将观众置于"木马、汽车或飞机上，经过墙

---

[1]《买铜》，GBA，xxii 卷，第 2 部分，第 710—711 页。

绘的各种景观……我们虚构地骑着、飞着、操纵着自己"。观众毫无疑义地被裹挟着，移动的方向从未变化。与此相反，P 型则提供了一个舞台，按照其规律和视角构建了一个物质世界。在其中星群仍然是星群；它包括了各元素间的关联和可能的分布，以及象征性的空间及其因此被确定的形式。K 型把观众"人为地变成国王、情人和阶级斗士"，而 P 型则确定了"观众的本质：观众。他们看到了自己的敌人和盟友"。[1] "第二夜"后所附的注释是："P 型/矛盾：不仅在观察，而且在行动的观众/批判的、重组的、握有主权的观众。"[2] 尽管布莱希特一再被说成是一个宣传煽动型艺术家，但他区分了主动性和被动性的特定种类：在剧场能废除其中介功能从而融入社会主义日常生活之前，每个人都是观众。[3] 政治主体性是一种批判性眼光的模式，随后才能转化为剧场外的行动。仅仅将不同的叙事运用到观众身上是不够的。观众的解放包括理解现有的叙事，看到它们与其他故事、经验和幻想的关系。当男演员指责哲学家的道德主义和教条主义是想把观众送回学校时，哲学家回答说："如果人们这么讨厌它，你们的学校一定很糟

---

[1] 《K 型戏剧和 P 型戏剧》（*K-type and P-type in the Drama*, 1938），GBA, xxii 卷，第 388 页，《K 型与 P 型及共情的危机》（*K-type and P-type and the Crisis of Empathy*, 1938—1939），GBA, xxii 卷，第 390 页。
[2] 《买铜》，GBA, xxii 卷，第 2 部分，第 719 页。
[3] 长久以来布莱希特的美学被简化为现代主义二元论的再生产；最近的一个例子是将布莱希特对观众的思考归结为一个排他的主动-被动分割线，参见雅克·朗西埃，《被解放的观众》（*The Emancipated Spectator*），《艺术论坛》，2007 年 3 月。

糕。但我为什么要关心你们糟糕的学校呢？废弃它们吧！"[1] 根据布莱希特的观点，一种主要致力于社会行为的学说，必须将其主要观点应用并能适用于个体行动，因为它与处于不断转变过程的集体存在和集体意识相关联：

> 因此大量坚定的原则将被取消，比如"金钱使世界运转"和"伟人创造历史"以及"一等于一"这样的句子。它们决不会被相反的、类似的坚定原则所替代。

某些哲学家把马克思主义描述为一种观察和行动的方式："它教导作为行动形式的思考（ingreifendes Denken）与现实——对应，因为它依赖于社会行动。它批判人类实践也让自己被它批判。"与其他世界观不同，它不是建立在和谐的原则上，而是建立在斗争和参与的原则上："你必须分析一切，证明一切。"[2]

在余下的"买铜"之夜里，哲学家和演员的角色问题再次被提起。第三夜进行了示范和练习，否定旧方法并应用 P 型戏剧。一场"街头场景"测试了将大众带上舞台、再将舞台返还大众的关联性方法的限度。表演的在场性得以强调，因为引文、姿势和重复丈量着想象和现实建构的

---

1 《买铜》，GBA，xxii 卷，第 2 部分，第 723 页。
2 同上，第 716—717 页。

参数。故事和它的讲述都被历史化了。莎士比亚、席勒和"奥格斯堡剧院"（布莱希特的剧院）在第四夜出现，增加了另一个历史维度。在这一路径中，陌生化策略并不是什么新鲜东西："间离效应是一种古老的艺术工具，喜剧、流行艺术的某些分支和亚洲戏剧的实践中都有它熟悉的身影。"联系还能继续扩展，从查理·卓别林、乔治·毕希纳、弗兰克·韦德金德和卡尔·瓦伦丁，到狂欢节的历史和老彼得·勃鲁盖尔（Pieter Bruegel the Elder）。对哲学家来说，什么都没有世界的变化重要："（莎士比亚）环球剧场的实验，就像伽利略的实验一样，以一种非常特殊的方式对待世界，与之对应的是世界本身的变化。"[1]

通过用不同的观察方式来改变世界，比照其他行星改变地球的位置，视角和观念决定了它的位置，这也正是伽利略工作的核心。布莱希特的戏剧按时序记录了文艺复兴时期这位物理学家的生活和工作，聚焦于视角与立场、科学与政治、天上的群星与人间的事务之间的张力，同时思索着科学时代的戏剧。布莱希特在1938年完成了《伽利略》（当时名为《地球移动》）的第一版，当时德国正进一步陷入黑暗，文明的进步和理性面临着前所未有的大规模破坏。这部戏重述了对伽利略发现的审判，他的浮浮沉沉，因为金钱、承诺和信仰，忠诚的缔结或破裂，而在宗教裁

---

[1]《买铜》，GBA，xxii 卷，第 2 部分，第 699、753 页。

判所的酷刑威胁下，伽利略选择收回他用哥白尼的日心说模型取代古老的托勒密地心说模型的《对话录》。这位科学家逐渐失明，并被软禁在家中，他设法撰写他最重要的小册子《话语》，正如《对话录》一样，其中包含了关于物理的对话和实验。《伽利略》的结尾完全出自布莱希特的想象，讲述他以前的学生安德烈亚成功地将作品偷渡到国外。和被流放的布莱希特一样，伽利略和他的作品也流离在海外，在各种力量的作用下，不断地变换位置。宗教裁判所和纳粹有着明显的相似之处，而这部剧以及剧中伽利略以启蒙和进步的名义在科学的自主性和世俗理性的野蛮性之间做斗争，既在斯大林时期苏联政权之上投上批判性的光芒，同样也投向资本主义文化产业成长中的力量。

布莱希特选择在40年代中期落脚在加利福尼亚时重新启动这部剧的原因有很多。随着战争持续和《战争入门》完成进度日益可观，关联着地理与意识形态利益和人类毁灭的科技问题变得越来越迫切。此时，在第四次流亡的居所，剧作家发现自己身处一个进步意味着欲望的产生、而非从中解放出来的地方。在民主德国委员会中，他也深深思考了战后国家的性质。从更务实的角度来看，《伽利略》是布莱希特与演员查尔斯·洛顿（Charles Laughton）合作的一种方式，洛顿被詹姆斯·里昂称为"布莱希特流亡美国期间最重要的唯一一个人"，也是他最终征服百老汇的机会。[1] 布莱希特与洛顿相识于 1944 年，两人一见如故。洛顿欣赏作为作家的布莱希特，而后者则在洛顿的身上发现了巴尔式的直接和诚实，甚至还写了一首关于他隆起的肚子的韵文，一丝不苟地形容它"像一首诗一样娓娓道来"。[2] 两人都有脾气，一方面这位德国人对这位美国人缺乏政治参与感到恼火，另一方面布莱希特的马克思主义也让洛顿感到不舒服。布莱希特还写了一首有关洛顿精心打理的院子的诗，赞叹其中各种物种的共生及其成长，这种隐喻延伸到文明中，计划与现实、社会与植物互相映照："但是，正如花园随计划生长，计划也随花园一起生长。"然而，集体的乐园或者它的微缩版，正处于危险之中：美洲原住民的手工艺品指向的是被摧毁的文明，而位于远远高出海面的悬崖上、"建立在脆弱的石头上"则暗示着它的危险状态。[3] 正如布莱希特在日记中记录的那样，有一天，花园确实坍塌了一部分，而已经缺乏安全感、有抑郁征兆的洛顿把这件事看成了他的创作与职业死亡的标志。他出现在剧作家的家里，为"那些十年来头顶没有遮风挡雨的屋顶的人"而感到沮丧和抱歉。[4] 布莱希特鼓励洛顿阅读、工作，并在此不久后将《伽利略》介绍给他。日记中记录

---

[1] 里昂，《贝托尔特·布莱希特在美国》，第 167 页。
[2] 《洛顿的肚子》(*Laughton's Belly*, 1944)，GBA，xv 卷，第 108 页。
[3] 《过程中的花园》(*Garden in Progress*，原始标题为英文，1944)，GBA，xv 卷，第 109—110 页。
[4] 《1944 年 8 月 28 日日记》，GBA，xxvii 卷，第 202 页。

了两人真实的合作，洛顿的表演和姿势往往决定了新的文本。《伽利略》于1947年7月30日在美国贝弗利山庄的皇冠剧院（Coronet Theater）首演（本剧第一版曾于1943年在苏黎世演出），并前往纽约上演，由洛顿再次担任主角。

第二次世界大战的结束似乎对《伽利略》的进程没有什么直接影响，散落在布莱希特日记中的记录本身就提供了一种天体状的戏剧形式。1945年5月8日的日记中写道："纳粹德国无条件投降。早晨，六点钟，总统发表广播讲话。听的时候，我看向外面郁郁葱葱的加州后院。"一周后又有一条："与洛顿一起回到《伽利略》。"[1] 不久后他又写了一首诗：

> 于是五月到了
> 一个千年的帝国结束了。
>
> 走在兴登堡小道上，
> 来自密苏里的男孩带着火箭筒和照相机
>
> 问路还讨了一些战利品
> 向一个对二战感到遗憾的德国人。
> 路边的沟渠里战地元帅们已经腐烂

---

[1] GBA，xxvii卷，第224—225页。

屠夫请屠夫来宣判。

野豌豆开花了。公鸡深沉地静静站立。

门关上。屋顶洞开。[1]

彻底改变《伽利略》的是 1945 年 8 月 6 日和 9 日原子弹在广岛和长崎上空的爆炸。布莱希特当时并没有记录下事件本身,但他在回忆中说,洛顿担心在这样的情况下科学会失信,伽利略的诞生会失去所有的同情:"这是种错误的宣传,我的老朋友。"[2] 接下来的一周,布莱希特写下:"原子弹事实上已经将社会与科学的关系变成了一个生与死的问题。"[3] 在这一语境下,《伽利略》在美国首演前的改动似乎是出于对讲述真相的关切,关于一种间离的、科学的客观性与实践的历史事件和行动之间的张力。在 1938 年的版本中,伽利略就宣称,"真理是时代的孩子,而不是权威的孩子",从而呼吁每一个科学家的责任感。[4] 然而,当伽利略不愿意殉道的行为得到回报时,在适当的时候说出真相的负担的后果、限度就变得很明显了,至少在布莱希特的版本中,《话语》的走私与跨越国界的传播给它带来了及

---

[1] 《奥格斯堡客书信》(*Epistle to the Augsburgers*, 1945), GBA, xxvii 卷,第 225 页。
[2] 转引自《1945 年 9 月 10 日日记》, GBA, xxvii 卷,第 232 页。
[3] 《1945 年 9 月 20 日日记》, GBA, xxvii 卷,第 232 页。
[4] GBA, v 卷,第 43 页。

时的影响。毕竟,讲述真相还包括选择真相在谁手中有效、如何狡猾地在众多人中传播真相的判断力。所以,当布莱希特赋予1947年版本中的伽利略屈服于宗教裁判时更大的怀疑和痛苦时,他直接针对的是改变了期望的观众,暗示一种对决心和英雄意志的需要,这是一种永恒的因此也是"科学的"行为,它假定理性的、经验性的控制高于本能的、"自然的"对死亡的恐惧。当伽利略的学生安德烈亚在伽利略低头后对这位伟大的科学家失去信心时,他得到了一本在他眼里将会"发现新的物理学"的著作《话语》,于是为自己曾失去信心而向伽利略道歉,并热情地赞扬他的老师的无私的策略和"贡献"。但伽利略答道:

> 贡献给谁?欢迎来到我的地沟,我的科学家兄弟和叛徒伙伴。我卖出了,而你是买家。看到这本书的第一眼!他的口水都流出来了,咒骂也被淹没了。祝福我们这个讨价还价、粉饰、怕死的团体。[1]

真理在发展,发现是人类的产物。对《买铜》中的哲学家,对布莱希特、对伽利略而言,真理是相对的,但不是相对主义的。真理之战延绵不休,看到群星的同时也发现自己身处其中,身处于历史中,而这历史同时也包含了看向舞

---

1 GBA,v卷,第177、179页。

台的那一瞬。当伽利略说出他著名的台词"不快乐的土地需要英雄"时,他直接指向了观众对戏剧的看法,在布莱希特看来,艺术和科学以及它们对传统上主观和客观二元对立的确认提供了净化的安全感。瓦尔特·本雅明指出,这部戏中的英雄是人民,这在某种意义上是正确的。但其英雄主义非同常规。正如让·保罗·萨特(Jean-Paul Sartre)所说,它存在于行动的模糊性中。[1] 伽利略的行动是政治性的,而非基于原则。

布莱希特本人从没有看过《伽利略》在纽约的演出。1947年10月30日,他在众议院非美活动委员会(简称HUAC)前作证的第二天,他和家人就离开美国前往欧洲。3月,布莱希特已经取得了瑞士的出境和再入境许可,表明他已决心回到欧洲,在他的故土之外寻找一个临时的活动和观察平台。他觉得自己有义务帮助填补德国的政治和美学真空,警惕纳粹主义死灰复燃,或者如他在英国流亡者中观察到的那样,警惕建立起一个反动的、伪进步的国家,一个民主和资本主义组合的致命魏玛的延续。苏联控制的德国东部的确吸引着他——1946年12月在布莱希特写给卡斯帕·奈尔的一封信中说:"我也收到了来自柏林的邀请,请我用希夫鲍尔丹姆剧院来做些事情。"[2] 但在他能

---

[1] 让·保罗·萨特,《史诗戏剧和戏剧性戏剧》(*Episches Theater und dramatisches Theater*),收录于让·保罗·萨特,《戏剧的神话与现实》(*Mythos und Realität des Theaters*),莱恩贝克,1979,第74—107页。
[2] GBA, xxix卷,第407页。

利用这些邀请之前,布莱希特被 HUAC 传唤了,出席洛杉矶汉斯·艾斯勒的听证会,作为一项更广泛的对所谓共产主义渗透电影业调查的一部分。

艾斯勒没有提及布莱希特的名字,但这位剧作家多年来一直是 FBI 调查的对象,包括可能常年被电话窃听,也因此两人之间已知的联系就足以作为寄出传票的理由。剧作家后来成为所谓"好莱坞十九人"中的一员,这是一群艺术家和作家,其中除了布莱希特都是电影从业者,且都有所谓的同情共产主义倾向,但都明确、大声地公开反对 HUAC 的存在。尽管布莱希特同情他的被告朋友们,但他却不觉得自己需要像其他被告同意的那样,以拒绝爱国主义的罪名站在法庭前。可以说是以伽利略式的方式,布莱希特表演了一种巧妙的讲述真相的方式,既出于自我保护,又出于能够离开美国到欧洲继续工作的愿望,也源于他认定这一信念,即在政治上秉持坚定不移的原则是愚蠢的、甚至是彻底反动的。

一位旁听者把布莱希特的这段证词比作动物学家被一群猴子审问,他精心准备,拒绝因为说话被抓,但也绝不说委员会想听的话。[1] 当一位主席问他是否写过革命文章时,布莱希特回答道:"我在反对希特勒的斗争中写了很多诗、歌和剧本,因为我当然支持推翻那个政府,所以,它

---

1 转引自马丁·埃斯林(Martin Esslin),《布莱希特:其人与其书》(*Brecht: The Man and His Work*),花园城,纽约州,1971,第 83 页。

们当然可以被认为是革命的。"[1] 而当同一位主席大声朗读布莱希特1929年显然具备无产阶级性的诗歌《前进,我们没有忘记》(*Forward, We've Not Forgotten*)的英译本,并质问布莱希特是否是作者时,这位诗人的回答引起了听众的笑声,他回答说:"不,我用德语写了一首诗,但和这首诗很不一样。"[2] 约一小时后,质询结束,布莱希特自由地离开,而"好莱坞十九人"的其他成员在揭露HUAC及其活动违宪的努力失败后被关押起来。1947年10月31日,布莱希特登上飞往巴黎的飞机;海伦·魏格尔、露丝·贝劳和女儿芭芭拉随后乘船前往。

---

[1] 转引自里昂,《贝托尔特·布莱希特在美国》,第330—331页。
[2] 转引自埃斯林,《布莱希特:其人与其书》,第82页;《前进,我们没有忘记》(*Forward, We've Not Forgotten*, 1931), GBA, xiv卷,第116—118页。

6 现实政治：社会主义戏剧，
1947—1956

回到欧洲后，布莱希特将苏黎世作为他临时的活动地点。和许多归国流亡者一样，他对自己在德国会发现什么、留下什么以及在物质和意识形态的废墟中会出现什么而感到忧虑。布莱希特在1943年的诗歌《归来》(*The Return*)中已经预见到了这一时刻以及此前经历的毁灭：

> 父城，它将如何迎接我？
> 在我之前，轰炸机先到了。致命的机群
> 宣布我的回归。火光
> 先于游子一步。[1]

对布莱希特来说选择瑞士的原因显而易见，不仅因为瑞士

---

1 GBA, xii卷，第125页。

在战争期间宣布中立，而且苏黎世剧院（Zurich Schauspielhaus）曾在1941年和1943年剧作家流亡斯堪的纳维亚和美国期间首演过不少于三部他的剧本。剧院还聘请他的老朋友卡斯帕·奈尔为1946—1947演出季的舞台布景设计师。但当布莱希特一家抵达苏黎世时，冷战政治的第一次反复使艺术家很难继续原来的工作。布莱希特再一次被前共产党员、他的老同事汉斯·艾斯勒的妹妹露丝·费舍尔告发，导致瑞士当局开始持续监视他。此外，布莱希特进入包括西柏林在内的美国区的许可证也被拒签了。这一点，加之包括希夫鲍尔丹姆剧院、德意志剧院和人民剧院在内大多数重要的德国剧院都位于即将被划为东柏林的地区，都成为1948年末布莱希特选择在德国的社会主义区域开始工作的实际原因。但其中也有其他原因。首先，剧作家长期以来一直相信，他的观众与德国的未来构成一个统一的民族。在他给奥地利作曲家戈特弗里德·冯·艾内姆（Gottfried von Einem）的信中写道："我不能只坐在德国的一半，而因此对另一半来说是死了的。"[1] 他还相信这个未来必然是社会主义的，他必须参与它的实现。布莱希特经常到柏林考察现场，他与学生和工人见面以了解第一手关于未来任务的信息；他参观访问了剧院，对看到的一切表示厌恶。他在1948年参加《沃伊采克》（*Woyzeck*）

---

[1] 《1949年4月致戈特弗里德·冯·艾内姆的信》，GBA，xxix卷，第511—512页。

的排练时说:"在我看到被毁坏的剧院之前,我就已经先看到了被毁坏的表演……它绝望而笨拙。在其中看不到观察,也看不到戏剧思想。"[1] 他发现艺术氛围"守旧偏狭",而且在很多情况下被纳粹时代的语言和习惯所破坏。[2] 过往一方面挥之不去,另一方面又被粗暴地抛在一边,这后来被证明为构建一个新的社会政治形态的最大困难之一。

布莱希特(站在前排中央)和柏林剧团(Berliner Ensemble)成员,开姆尼茨,1951年。

布莱希特曾申请并在1950年获得奥地利护照,这成了一桩震撼阿尔卑斯国家文化界的重大丑闻,导致了一场在维也纳协同发起的反布莱希特运动。布莱希特成功获得了

---

[1] 《1948年4月15日日记》,GBA,xxvii卷,第268页。
[2] 《1949年1月6日日记》,GBA,xxvii卷,第296页。

奥地利国籍,这随即引发了对这位剧作家是否忠诚的质疑。这一点加上他与西德出版商彼得·苏尔坎普的合同,被他同时代的许多人以及一些布莱希特学者视为机会主义、甚至是虚伪的证据。还有一些人把他的言行归结为伽利略式狡猾的延续,在这个复杂时代说真话如此困难的情况下可以被合理化。还有一些人则认为他即使已经回到欧洲,仍然持续着一种流亡状态,一种艺术和政治上的无家可归,一种被社会进步转型的希望和历史现实的限制所间离的存在状态,从而导致了幻灭和放弃。但布莱希特生命和工作的最后几年显然投入到了为建立社会主义文化的可能性和局限性的持续而坚定的斗争中去。他不再认为这个时代是"黑暗的"了,但他确信未来的时代是困难的,考虑到势不可挡的全国性反思历史计划(Vergangenheitsbewältigung),考虑到在翻新的资产阶级理想主义的幌子下与资本主义和法西斯主义可能的死灰复燃的斗争,以及需要由从未革命过但这本应是必要条件的人民创立一个社会主义国家的任务。在写于 1949 年 2 月的《思考》(*Perception*)一诗中,布莱希特描述了前方的地貌:

> 我回来时
> 我的头发还未白。
> 所以我很幸福。

> 山的考验躺在我们身后
>
> 我们的面前是平原的考验。[1]

1949 年 10 月 7 日布莱希特选择在正式命名为德意志民主共和国的土地上落脚。他曾给出过一个著名的理由，西边给他一个"餐桌旁的座位"，而东边则"请他进厨房"，那里"需要我"。[2] 但事实上，德国统一社会党及其文化职能部门，以及新选出的"工农国家"的选民都不欢迎他，布莱希特不得不努力争取支持。他在日记中记录了 1949 年 1 月与柏林市长的一次会面，讨论柏林剧团的计划，"我的关于招募优秀移民演员的戏剧项目"，但他的想法并未得到热情的回应："市长既没有向我问好，也没有说再见，甚至没有直接对我说话，只说了一句质疑的句子：不确定的项目会破坏已经存在的项目……第一次我感受到了外省的恶臭。"[3] 不过，布莱希特还是在这新的社会主义现实中确立了自己的角色，而这个角色本不应只位于冷战鸿沟的东边。4 月，柏林剧团获得了统一社会党的正式批准，此后，剧作家致力于在全德乃至国际剧院继续自己的工作。慕尼黑上演了《大胆妈妈》，汉堡、罗马和米兰也获得了这部戏的演出授权。他甚至还计划在奥格斯堡成立另一个剧团，以

---

1 GBA，xv 卷，第 205 页。
2 《双城》(*Two Cities*, 1948)，GBA，xviii 卷，第 451 页。
3 GBA，xxvii 卷，第 296 页。

确保剧目和演员、观点和思想之间能稳定交流。1949年11月,柏林剧团在德意志剧院首秀,演出《蓬蒂拉先生和他的仆人马蒂》(*Herr Puntila and His Servant Matti*)。在1949年至1951年期间,剧团演出过多部剧目,包括《大胆妈妈》、J. M. R. 伦茨(J. M. R. Lenz)的《导师》(*The Tutor*)、《母亲》(*The Mother*)和马克西姆·高尔基(Maxim Gorki)的《瓦西娅·谢列斯诺娃》(*Vasya Shelesnova*),获得了赞美和官方的认可。然而,社会主义现实与布莱希特对其设想之间的关系仍然存在争议。虽然史诗戏剧得到了公众的支持,但其对于形式问题的关注,一些东德评论家则表示怀疑,重新提出在"表现主义论争"期间首次浮出的对精英主义和神秘主义的指控。1950年,东德出版业的文化咨询委员会拒绝出版《战争入门》,理由是这本书"只是笼统的和平主义",而统一社会党的领导人则贬斥它"绝对不合格"。[1] 同年,布莱希特的戏剧《未来之歌》(*Future Song*, 1948)被从德国青年和平友谊会议的节目中删除,据主管官员说,原因是该剧不符国家的教学大纲,而且保罗·德绍的音乐也被认为是"没有调子,完全不能理解"。[2] 1951年,布莱希特与德绍合作的另一部歌剧《卢库卢斯的审判》(*The Trial of Lukullus*)3月在柏林

---

[1] 转引自维尔纳·赫希特,《布莱希特年谱:1898—1956》(*Brecht Chronik: 1898-1956*),法兰克福,1997,第915页。
[2] 转引自同上,第919页。

德意志国家歌剧院首演后遭到审查,随后被取消。剧作家未发表的文章中,对形式主义再次受到指控的反应从不甘心、不理解到对文化附庸展开尖锐批评:"反对形式主义的斗士……清楚地知道他们的人民想要什么、承认了人民,

约翰·赫特菲尔德,《母亲》海报,1951 年。

因为他们想要的也正是人民想要的东西。"[1] 事实上，新国家的人民，也就是工人和农民，似乎并不关心柏林剧团的项目，剧目的观众大多是党内公务员和西德观众。

布莱希特艺术和政治的议程与冷战双方所倡导的看待过去和计划未来的方案之间的冲突日益加剧。他强烈谴责马歇尔计划和德意志联邦共和国（西德）的成立，担心盲目的消费主义和在民主平等的幌子下资本主义剥削的重现会取代对国家法西斯历史的批判性反思。西德的建立也摧毁了在一个新的、进步的、革命的政府形式下建立统一国家的余下所有希望。虽然布莱希特同样批评东德政府独立的企图，但他一直保持着怀疑的态度。他仍然坚信一个更好的、真正的社会主义国家的可能性，并在诗歌、歌曲和公开发言中强调人民必须为过去和未来的行为担责。布莱希特在流亡的大部分时间里，一直坚持着纳粹是犯罪者、而德国人民是第一受害者的鲜明区分，但在盟军的去纳粹化计划中，这种区分变得越来越微不足道，因为去纳粹化计划主要包括象征性地将前法西斯分子从经济职位和官僚职位上撤下来。布莱希特要求用一种语言和话语来批判性地对待使德国法西斯主义成为可能的情境。对他而言，去纳粹化意味着摆脱资产阶级理想和资本主义行动："只有当（一个人）不再是德国公民（Bürger）时，（他）才不

---

[1] 《关于形式主义讨论》（*Notes about the Formalism Discussion*，1951），GBA，xxiii 卷，第 142 页。

再是纳粹。"[1] 对布莱希特来说,理解人民是法西斯主义的受害者并不意味着否认他们曾支持该政权,并且在许多情况下以此名义犯下了无以言喻的罪行。但是,如果谈到不是作为资本主义延伸的法西斯主义,而是法西斯主义下的个人行为,公开承认每一个德国公民对奥斯维辛和其他集中营、苏联前线和第三帝国的每一个城市以及城镇中所发生的暴行负有直接或间接的责任,这仍然是安德列斯·克莱门特(Andreas Klement)所谓的布莱希特作品中的一个空白(Leerstelle)。[2] 在他的作品中,他的戏剧和笔记、诗歌和日记中,贯穿始终的是对人民在政治中的角色、人民在多大程度上既是历史的产物又是历史的生产者的极大模糊性——社会主义现实的战后实验只会永远维持这种模糊性。一方面,布莱希特声称:"在奥斯维辛、华沙犹太人区、布痕瓦尔德发生的事情,毫无疑问不能忍受文学形式的描述。文学没有为这样的事件做好准备,也没有发展出任何方法。"[3] 像之前的克劳斯和之后的阿多诺一样,他认为传统处理法西斯意识形态造成的野蛮结果的方法在实践中是不足够的。另一方面,他表示,"对国家社会主义的真正批判是缺失的,因为它被当作'低劣到不值得批

---

1 《1948年1月1日日记》,GBA,xxvii卷,第259页。
2 安德列斯·克莱门特,《布莱希特在东德的新生活:晚期诗歌》(*Brechts neues Leben in der ddr: Die späte Lyrik*),马尔堡,2012,第104页。
3 《与青年知识分子的对谈》(*Conversations with Young Intellectuals*,1948),GBA,xxiii卷,第101页。

判'……国家社会主义必须被视为小资产阶级的社会主义，一种残缺的、神经衰弱的、扭曲的人民运动。"[1] 他反复提醒"人民"，相对于历史、权力和进步的叙述，如何行动、如何定位自己的决定权在他们手中。他在对东德学生的演讲中说：

> 你现在能坐在这里：许多战斗
> 曾为之奋斗。你会很高兴忘记它们。
> 但记住：他们曾经坐在这里
> 当时他们坐在人们身上。当心！[2]

就像库纳先生从老熟人那里听说自己这么多年来没有发生变化而脸色苍白一样，布莱希特当下的态度始终必然地、持续地在转变。但是，进步和解放，就像伽利略的故事一样，并不是必然的、历史的延续——它们是自我领导行动的产物。因此，德国的统一及其未来的问题需要从对一个从未存在过的民族身份神话式的怀旧中剥离出来，而关于"德国意志"和"命运"的言论在东德和西德都再次出现了。布莱希特提出，人们应该使用"全体民众"（Bevölkerung）而不是"大众"（Volk）：

---

1 《1947 年 12 月 24 日日记》，GBA，xxvii 卷，第 258 页。
2 《战争指南》1955 年版封底上的文字，GBA，xv 卷，第 290 页。

德国必须解放自己,不是作为一个民族国家,而是作为一个全体民众的整体,更准确地说,作为一个无产阶级。它从来就没有"不是一个民族国家",它曾是一个民族国家,这意味着,它曾为了争夺世界主导地位参与了民族国家的游戏,并具有了民族主义的臭味。[1]

诗人在为官方的青年建设社会主义国家之歌的提案中,号召一种主体性而非共情:

比被感动更好的是:去行动
因为没有一个领导会带我们走出困境!
我们最终将领导我们自己:
驱除旧的,加入这个新的国家![2]

1951年,德国的经济和政治形势转折恶化,东西阵营的关系和对社会主义未来的憧憬也随之恶化。对于面临食物与日常幸福感短缺的人们而言,一个更完美社会的梦想完成得愈不成功,其政策就越被加强执行,胜利越被宣诸于世。布莱希特对这种"自上而下的社会主义"十分纠结——一

---

[1] 《与青年知识分子的对谈》(1948),GBA,xxiii卷,第101页;《1943年11月11日日记》,GBA,xxvii卷,第181—182页。
[2] 《建设之歌》(*Construction Song*,1948),GBA,xv卷,第197页。

方面，他憎恶被规定的集体观念，这种集体不为无产阶级所有，因此只是复制传统的阶级结构；另一方面，他又担心西方消费品的诱惑，一种强有力的物质和意识形态工具，能够轻易挫败艰巨的革命计划。东德当时的肃反并无死刑，但许多作家和社会活动家却失去了工作，被开除党籍或公开排挤，其中只要能做到，他们许多人都搬去了西德。统一社会党的文化政治（Kulturpolitik）开始越来越像政治宣传，鼓励对所有不同的事物投以仇恨的目光，对被宣称为不言而喻的真理投以毫不怀疑的目光。布莱希特与官方当局冲突越来越多。他花时间设计公立学校的课程和教科书，强调学习应该是快乐的，是批判性地接触现实形象的结果，阶级斗争不再是反对敌人，而是为了建设一个新社会。他组织学生与工人以及柏林剧团进行讨论，始终寻求双方交流；虽然他的诗作和歌曲仍然鼓励集体主体以实现新的社会形态，但他的日记和信件中却记录了对他的同志们缺乏政治和美学思考与动力的厌烦。在给柏林剧团的一封公开信中，布莱希特哀叹剧团在政治和艺术利益上的"软弱"，并要求剧团"毫无保留地提出意见和建议"以提高和改进。[1]

1953 年 6 月 17 日的事件，使这个国家与其人民之间的

---

[1]《关于柏林剧团戏剧家、导演、助理和学生的工作》（*Regarding the Work of the Dramatists, Directors, Assistants and Students of the Berliner Ensemble*, 1952），GBA, xxiii 卷，第 221 页。

分裂更加明显,也表明了东德无产阶级革命将是重新分配物质、知识和精神生产所有权的决定性步骤。5月,统一社会党宣布将工厂工人的工时增加至少10%,这是一项面对国民生产持续下降、东德人口日益外流而采取的绝望政策。仅在1953年上半年,就有近50万人前往西德,以应对日益恶化的经济环境和国家日益严酷的政策。6月17日,经过数周的小规模罢工和示威游行之后,数千名东德工人、职员、店员、教师和学生走上柏林和其他城市的街头,抗议统一社会党的法令,并要求举行自由选举。[1] 当天布莱希特联合柏林剧团试图就此进程中的事件展开对话,随后他寻求在电台广播发声的机会却遭到拒绝。上午,他给总理、苏联驻东德大使、艺术文化办公室的一名成员以及统一社会党第一书记沃尔特·乌尔布利希特(Walter Ulbricht)写了信。6月21日,统一社会党机关报《新德国报》(*Neues Deutschland*)只摘取发表了布莱希特给乌尔布利希特信中的最后一句话,这导致了一场持久的愤怒风暴,尤其在西德的文坛和政界。布莱希特的剧作从表演剧目中消失,而对布莱希特作品的接受在今后几十年都大受影响。简讯这样写道:

---

[1] 克劳斯·施罗德(Klaus Schröder),《统一社会党的国家:党,国家和社会,1949—1990》(*Der sed-Staat: Partei, Staat und Gesellschaft, 1949—1990*),慕尼黑,2000,第119—124页。

国家奖得主贝托尔特·布莱希特致信统一社会党中央委员会总书记沃尔特·乌尔布利希特,信中他称:

"我想在此刻向您表达我对德国统一社会党的忠诚。

您诚挚的,贝托尔特·布莱希特。"[1]

信的其余部分澄清了布莱希特的立场。写给总理和文化艺术办公室的信件中提出让柏林剧团为政治对话服务的提议,例如以广播节目的形式;而写给乌尔布利希特的短笺则强调,坚持国家的路线意味着代表此党寻求与人民卓有成效的交流和历史性的自我反思:

亲爱的乌尔布利希特同志:

历史将尊重统一社会党革命的急迫性。与广大人民就社会主义建设的节奏进行广泛对话,将导向对社会主义成就的评价和确认。[2]

原文以典型的布莱希特式措辞,试图提醒党对其选民的责任和这一特定革命任务的动态关系。看到仅有部分文字登报,布莱希特对公开的断章取义感到惊恐,并试图纠正自己的立场。6月23日,《新德国报》发表了布莱希特、斯

---

[1] 转引自马丁·埃斯林,《布莱希特:其人与其书》,花园城,纽约州,1971,第192页。
[2]《1953年6月17日致瓦尔特·乌尔布利希特的信》,GBA, xxx卷,第178页。

拉坦·杜铎等人的文章，以"对法西斯分子不能有任何怜悯！"为题刊发于头版头条。布莱希特的文章中说，他之所以宣布声援统一社会党，是因为他认为 6 月 17 日工人们正当的不满情绪被法西斯煽动者滥用和误导了，这是一种需要正视的威胁。他敦促将这些煽动者和无产阶级区分开来，呼吁"就各方所犯的错误进行紧迫的广泛对话"。[1]

布莱希特对政府仍然持有批判的态度，尽管通常只是在未发表的文字或在私人谈话中。柏林剧团前成员曾回忆，剧作家如何赞扬和鼓励那些对党的言论和行动表示怀疑的人。[2] 布莱希特对无产阶级自治的认可，对自上而下的社会主义的批判，这时采取了诗歌警告的形式，建议国家不要在没有或违背"人民的智慧"的情况下执政：[3]

> 总是检查：什么，何时？
> 走到街上去看看
> 风往哪边吹。[4]

戏剧《图兰朵》，又名《"洗白"者大会》(*The Congress of the Whitewashers*, 1953)，反映了布莱希特作为一个艺术

---

[1]《迫切需要一场广泛对话》(*Urgency for a Great Dialogue*)，《新德国报》，1953 年 6 月 23 日，GBA，xxiii 卷，第 250 页。
[2] 参见埃斯林，《布莱希特：其人与其书》，第 194 页。
[3]《问题》(*Question*, 1952)，GBA，xv 卷，第 262 页。
[4]《男人们，在睡他们的女人们之前》(*The Guys, before They Lay Their Girls*, 1955)，GBA，xv 卷，第 292 页。

家在革命社会中的角色，同时也反映了知识分子一般在政治中扮演的角色。布莱希特从 20 世纪 30 年代起就计划用这个标题创作一部作品。这部戏是他的最后一部作品，尽管它由工人起义触发，但其内容却来自于知识分子"Tuis"在魏玛共和国的资本主义、第三帝国的法西斯主义和东德的社会主义中的功能：提供一个对于艺术、思想与政治多大程度上从属于教条主义政治和原则的非历史的评估。在一篇未发表的前言中，剧作家指出，自战争以来，德国的"社会主义政策"导致了"生活方式（Lebensweise）的急剧转变"——但"思维方式（Denkweise）上同样重要的转变却没有发生"。[1]《图兰朵》脱胎于一个中国寓言，后来又有卡罗·戈齐（Carlo Gozzi）和席勒改编的一个版本，而布莱希特的版本则讲述了一个皇帝在经济危机和动荡时期试图安抚臣民的故事。政权的知识分子、文人学者、艺术家和吟游诗人已经找不到办法合理化和赞颂政府不平等和压迫性的政策，于是皇帝承诺将自己的女儿许配给能够美化这无人能化解之困境的知识分子。而等待那些无力隐瞒真相的人的，则是死亡。布莱希特在 1953 年 6 月的一封信中写道："'洗白'工作已全面展开。多么好的一个成为优秀党员的机会啊！"[2] 布莱希特觉得历史发展得太快了，为了新旧形式下的权力垄断，对过去政治理想和政治现实之

---

[1] GBA，xxiv 卷，第 409 页。
[2]《1953 年 6 月致凯特·吕里克的信》，GBA，xxx 卷，第 180 页。

间关系的彻底和必要的理解被粗心地推到了一边。在铁幕的两边，艺术家和作家们都在忙碌着完成错误的任务。"一切都太快了，"他在《新德国报》上写道，"我们背对着刚刚逝去的过去，急于投入未来。然而未来将取决于我们对过去的回顾。"[1] 他写下悲哀的判决词："革命从未发生。"[2]

在《图兰朵》的结尾中，皇帝与人民之间的纽带不可扭转地切断了。Tuis失败了，进步的历史只允许人民领导自己，不存在其他的星群。因此，这部戏以一种谨慎的乌托邦风格作结，真实地反映了作者对艺术相对于现实的辩证有用性的判断："事情还将继续一段时间，直到知识分子不站在人民的对立面，且用知识武装全部民众。"[3] 布莱希特充分意识到他的科学宇宙中存在的矛盾。"布科。《图兰朵》。旁边是《布科哀歌》（*Buckow Elegies*，1953）。6月17日疏离于全部的存在"，布莱希特的这个宣言与其说是存在主义、自我脱钩的表达，不如说是对历史脱缰的承认。[4] 一个没有革命的革命国家，建立在翻新的思维方式和所有制关系上的一个新的社会星群，一个由文字和图像捏造的被理想所困扰的现实经验——这就是被异化的存在。

1956年8月14日，布莱希特突发心脏病去世。他被装

---

1 《文化政治与艺术学院》（*Cultural Politics and Academy of the Arts*，1953），GBA，xxiii卷，第259页。
2 《〈图兰朵〉前言》（*Foreword to Turandot*，1953），GBA，xxiv卷，第409页。
3 《1953年9月13日日记》，GBA，xxvii卷，第348页。
4 《1953年8月20日日记》，GBA，xxvii卷，第346页。

在一个简单的锌棺中,静静地埋在柏林的多罗森州弗里德霍夫(Dorotheenstädtischer Friedhof)公墓,他的对面躺着黑格尔。墓碑上只写着他的名字,尽管他一生曾为自己创作了多篇墓志铭。最著名的一篇写于 1933 年,其中一段为:"他提出了建议/我们接受了它们。"[1] 他对自己在历史及其轨迹上所处位置的判断,也许在他晚期的一首诗《换胎》(Changing the Wheel,1953)中得到了最好的体现:

> 我坐在路边
> 司机在更换轮胎
> 我不喜欢我的来处
> 我不喜欢我的去处。
> 我为什么要观看换胎
> 以不耐烦的心情?[2]

布莱希特将自己看成是历史马车上的副驾驶员——或许还拿着一张地图,但却依赖于推动它前进的驾驶员和物质力量。虽然最后他越来越不确定他们将要前往的方向,但他对过去的黑暗和未来的艰难都保持着批判的眼光,并始终渴望着继续下去。

---

[1]《我不需要墓碑》(I Don't Need a Gravestone,1933),GBA,xiv 卷,第 191—192 页。
[2] GBA,xii 卷,第 310 页。

参考文献

贝托尔特·布莱希特的部分作品（英文与德文标题对照）

所有文本收录于《柏林与法兰克福版评论全集》（i - xxx 卷），维尔纳·赫希特、雅恩·克诺普夫、维尔纳·米滕兹维和克劳斯·德特莱夫·穆勒编，柏林，1989（后简称 GBA）。

'About §218' / 'Über den §218' (1930), GBA, xxi, p. 373

'About the Defeat' / 'Über die Niederlage' (1933), GBA, xxii, p. 19

'About: The Rise and Fall of the City of Mahagonny' / 'Zu: Aufstieg und Fall der Stadt Mahagonny' (1930), GBA, xxiv, pp. 78 - 9

'The Addiction for the New' / 'Die Sucht nach dem Neuen' (1926), GBA, xxi, p. 183

'Advice from an Older Whore to a Younger One' / 'Ratschläge einer älteren Fohse an eine Jüngere' (1926), GBA, xi, pp. 123 - 4

'After the Death of My Colleague M. S.' / 'Nach dem Tod meiner Mitarbeiterin M. S.' (1941), GBA, xv, p. 45

'Appeal to Karl Kraus' / 'Appell an Karl Kraus' (1934), GBA, xiv, pp. 560 - 61

'Argument against Hitler' / 'Argument gegen Hitler' (1933), GBA, xxii, p. 29

Augsburg War Letters/Augsburger Kriegsbriefe (1914), GBA, xxi, pp. 13 - 22

The Baden-Baden Teaching Play on Agreement/Das Badener Lehrstück vom Einverständnis (1929), GBA, iii, p. 30

'The Ballad of François Villon' / 'Die Ballade vom François Villon' (1918), GBA, xiii, pp. 114 - 15

'The Ballad of Red Rosa' / 'Die Ballade der Roten Rosa' (lost; listed among the contents of the Manual of Piety's 1922 draft)

'Ballad of the Love Death' / 'Ballade vom Liebestod' (1921), GBA, xi, pp. 110 - 12

'Banner Song' / 'Bannerlied' (1913), GBA, xiii, pp. 21 - 2

'Bert Brecht's Reply' / 'Bert Brechts Erwiderung' (1927), GBA, xxi, p. 200

The Bible/Die Bibel (1914), GBA, i, pp. 7 - 15

'A Bit of Advice for Producing Documents' / 'Kleiner Rat, Dokumenteanzufertigen' (1926), GBA, xxi, pp. 163 - 5

'A Bitter Love Song' / 'Ein Bitteres Liebeslied' (1918), GBA, xi, p. 11

Book of Changes/Buch der Wendungen/ (written in phases during 1934 and 1940; first published 1965), GBA, xviii, pp. 45 - 194

'Bourgeoisie and Technology' / 'Bourgeoisie und Technik' (1930), GBA, xxi, p. 373

Buckow Elegies/Buckower Elegien (1953/4), GBA, xii, pp. 305 - 15

'The Burning Tree' / 'Der Brennende Baum' (1913), GBA, xiii, pp. 48 - 9

Buying Brass/Der Messingkauf (1939 - 55), GBA, xxii Part 2, pp. 695 - 869

The Caucasian Chalk Circle/Der kaukasische Kreidekreis (1949), GBA, viii, pp. 7 - 92

'Changing the Wheel' / 'Der Radwechsel' (1953), GBA, xii, p. 310

'Children's Crusade 1939' / 'Kinderkreuzzug 1939' (1939), GBA, xv, pp. 50 - 56

'Children's Songs' / 'Kinderlieder' (1934), GBA, xii, pp. 19 - 23

'Choral of the Man Baal' / 'Choral vom Manne Baal' (1918), GBA, xi, pp. 107 - 8

'Christmas Address by the Deputy Führer (Hess) in the Year 1934' / 'Weihnachtsbotschaft des Stellvertreters des Führers (Hess) im Jahre1934' (1934), GBA, xxii, pp. 93 - 6

'The Cities' / 'Die Städte' (1926), GBA, xiii, pp. 356-8

'The Communists' Habit' / 'Die Gewohnheit der Kommunisten' (1933), GBA, xxii, pp. 18-19

'Construction Song' / 'Aufbaulied' (1948), GBA, xv, pp. 196-7

'Conversations with Young Intellectuals' / 'Gespräche mit jungenIntellektuellen' (1948), GBA, xiii, pp. 97-101

'Demands of a New Criticism' / 'Forderungen an eine neue Kritik' (1929), GBA, xxi, pp. 331-2

'The Dialectic Dramaturgy' / 'Die dialektische Dramatik' (1930), GBA, xxi, pp. 431-43

'Dialogue regarding the Art of Acting' / 'Dialog über Schauspielkunst' (1929), GBA, xxi, pp. 279-82

'Driven Out for Good Reason' / 'Verjagt aus gutem Grund' (1938), GBA, xii, pp. 84-5

Drums in the Night/Trommeln in der Nacht (1919), GBA, i, pp. 175-239

'Explanation of the Meaning of St Joan of the Stockyards' / 'Erklärung desSinns der Heiligen Johanna der Schlachthöfe' (1930), GBA, xxiv, pp. 102-8

'The Farmer Addressing His Ox' / 'Ansprache des Bauern an seinenOchsen' (1938), GBA, xii, p. 52

'Five Difficulties When Writing the Truth' / 'Fünf Schwierigkeiten beim Schreiben der Wahrheit' (1934), GBA, xxii, pp. 74-89

The Flight of the Lindberghs/Der Flug der Lindberghs (1929), GBA, iii, pp. 7-24

'The Flower Garden' / 'Der Blumengarten' (1953), GBA, xii, p. 307

'Foreword to Turandot' / 'Vorwort zu Turandot' (1953), GBA, xxiv, pp. 409-10

'Forward, We've Not Forgotten' / 'Solidaritätslied. Sonntagslied der freienJugend' (1931), GBA, xiv, pp. 116-18

From the Reader for City Dwellers/Aus dem Lesebuch für Stadtbewohner (1930), GBA, xi, pp. 155-76

Future Song/Zukunftslied (1948), GBA, xv, pp. 197-9

'Garden in Progress' (title originally in English; 1944), GBA, xv, pp. 109 - 10

'General Göring Regarding the Defeat of Communism in Germany' / 'General Göring über die Überwindung des Kommunismus in Deutschland' (1934), GBA, xxii, pp. 90 - 93

'German Satires' / 'Deutschen Satiren' (1937), GBA, xii, pp. 61 - 80

'German War Primer' / 'Deutsche Kriegsfibel' (1936/7), GBA, xii, pp. 9 - 15

'The Great and the Small Learning' / 'Die Grosse und die Kleine Pädagogik' (1930), GBA, xxi, p. 96

'Great Time, Wasted' / 'Grosse Zeit, vertan' (1953), GBA, xii, p. 311

'The Guys, before They Lay Their Girls' / 'Die Burschen, eh sie ihreMädchen legen' (1955), GBA, xv, p. 292

He Who Says Yes. He Who Says No/Der Jasager. Der Neinsager (1931), GBA, iii, pp. 57 - 72

'The Heaven of the Disappointed' / 'Der Himmel der Enttäuschten' (1917), GBA, xiii, pp. 100 - 1

Herr Puntila and His Servant Matti/Herr Puntila und sein Knecht Matti (1940), GBA, vi, pp. 283 - 374

Hollywood Elegies/Hollywoodelegien (1942), GBA, xii, pp. 113 - 16

The Horatians and the Curatians/Die Horatier and the Kuratier (1936), GBA, iv, pp. 279 - 303

In the Jungle of the Cities/Im Dickicht der Städte (1923/27), GBA, i, pp. 437 - 97

'Individual and Mass' / 'Individuum und Masse' (1929), GBA, xxi, p. 359

'July 1913' / 'Juli 1913' (1913), GBA, xiii, p. 32

'K-type and P-type in the Drama' / 'K-Typus und P-Typus in der Dramatik' (1938), GBA, xxii, pp. 387 - 9

'K-type and P-type and the Crisis of Empathy' / 'K-Typus und P-Typus unddie Krise der Einfühlung' (1938 - 9), GBA, xxii, pp. 390 - 92

'Laughton's Belly' / 'Der Bauch Laughtons' (1944), GBA, xv, pp. 108 - 9

'The Legend of the Dead Soldier' / 'Die Legende vom toten Soldaten' (1918), GBA, xi, pp. 112 - 15

'The Legend of the Harlot Evlyn Roe' / 'Die Legende der Dirne Evlyn Roe' (1918), GBA, xiii, pp. 102 - 4

'Let Us Return to the Crime Novel!' / 'Kehren wir zum Kriminalromanzurück!' (1926), GBA, xxi, pp. 128 - 30

'Liberation of Productive Resources' / 'Befreiung der Produktivkräfte' (1937), GBA, xxii, p. 302

'A Liturgy of Breath' / 'Liturgie vom Hauch' (1924), GBA, xi, pp. 49 - 53

'Looking through My First Plays' / 'Bei der Durchsicht meiner erstenStücke' (1953), GBA, xxiii, pp. 239 - 45

Man Is Man/Mann ist Mann (1926), GBA, ii, pp. 93 - 168

Manual of Piety/Hauspostille (1927), GBA, xi, pp. 37 - 120

The Measure Taken/Die Massnahme (1930), GBA, iii, pp. 71 - 98

'Modern Legend' / 'Moderne Legende' (1914), GBA, xiii, pp. 73 - 4

'More Good Sport,' / 'Mehr guten Sport' (1926), GBA, xxi, pp. 119 - 22

The Mother/Die Mutter (1933), GBA, iii, pp. 261 - 324

Mother Courage and Her Children/Mutter Courage und ihre Kinder (1939), GBA, vi, pp. 7 - 86

'My General Has Fallen' / 'Mein General ist gefallen' (1941), GBA, xv, p. 45

'A Necessary Observation regarding the Fight against Barbarism' / 'Eine notwendige Feststellung zum Kampf gegen die Barberei' (1935), GBA, xxii, pp. 141 - 6

'The Necessity of Propaganda' / 'Notwendigkeit der Propaganda' (1937), GBA, xii, pp. 65 - 7

'Notes about the Formalism Discussion' / 'Notizen über die Formalismusdiskussion' (1951), GBA, xxiii, pp. 141 - 2

'Of Poor B. B.' / 'Vom armen B. B' (1921), GBA, xi, pp. 119 - 20

'Of Swimming in Rivers and Lakes' / 'Vom Schwimmen in Flüssen und Seen' (1919/1921), GBA, xi, pp. 72 - 3

'Of the Child Murderer Marie Farrar' / 'Von der Kindermöderin Marie Farrar' (1922), GBA, xi, pp. 44 - 6

'On Expressionism' / 'Über den Expressionismus' (1920), GBA, xxi, pp. 48 - 9

'On the Occasion of the a-i-z's Tenth Anniversary' / 'Zum ZehnjährigenBestehen des a-i-z' (1931), GBA, xxi, p. 515

'The Only Viewer for My Plays' / 'Der einzige Zuschauer für meine Stücke' (1928), GBA, xxi, pp. 256 - 7

'Open Letter to the Artistic Directors of the New Music Berlin 1930, Heinrich Burkard, Paul Hindemith, Georg Schünemann' / 'Offener Brief an die künstlerische Leitung der Neuen Musik Berlin 1930, HeinrichBurkard, Paul Hindemith, Georg Schünemann' (1930), GBA, xxiv, pp. 97 - 8

'Passion' / 'Leidenschaft' (1913), GBA, xiii, p. 40

'Perception' / 'Wahrnehmung' (1948), GBA, xv, p. 205

'Piscatortheater' (1927), GBA, xxi, pp. 197 - 8

'The Poets Ought to Write the Truth' / 'Die Dichter sollen die Wahreitschreiben' (1934), GBA, xxii, pp. 71 - 4

'Popularity and Realism' / 'Volkstümlichkeit und Realismus' (1938), GBA, xxii, pp. 405 - 13

'The Primacy of the Apparatus' / 'Der Primat des Apparats' (1928), GBA, xxi, pp. 225 - 7

'Question' / 'Frage' (1952), GBA, xv, p. 262

'Questions after a Defeat' / 'Fragen nach einer Niederlage' (1933), GBA, xxii, pp. 20 - 21

'Questions of a Reading Worker' / 'Fragen eines lesenden Arbeiters' (1935 - 6), GBA, xii, p. 29

'Radio-An Antediluvian Invention?' / 'Radio-eine vorsintflutliche Erfindung?' (1927), GBA, xxi, pp. 217 - 18

'The Radio as an Apparatus of Communication' / 'Der Rundkfunk

als Kommunikationsapparat' (1930/32), GBA, xxi, pp. 553-7
Refugee Dialogues/Flüchtlingsgespräche (1940-44), GBA, xviii, pp. 195-327
'Regarding Gestic Language in Literature' / 'Über die gestische Sprache inder Literatur' (1934), GBA, xviii, pp. 78-9
'Regarding Rhetoric' / 'Über das Rhetorische' (1920), GBA, xxi, pp. 49-50
'Regarding the Declaration of the 26 United Nations' / 'Zur Erklärung der 26 Vereinten Nationen' (1942), GBA, xxiii, pp. 7-9
'Regarding the Programme of the Soviet Writers' / 'Über das Programm der Sowjetschriftsteller' (1935), GBA, xxii, pp. 134-6
'Regarding the Significance of the Ten-Line Poem in Number 888 of Die Fackel (October 1933)' / 'Über die Bedeutung des zehnteiligen Gedichtes in der 888. Nummer der Fackel (Oktober 1933)' (1934), GBA, xiv, pp. 195-7
'Regarding the State' / 'Über den Staat' (1937), GBA, xxii, p. 304
'Regarding the Suitability of a Viewer' / 'Über die Eignung zum Zuschauer' (1926), GBA, xxi, p. 127
'Regarding the Theory of the Learning Play' / 'Zur Theorie des Lehrstücks' (1937), GBA, xxii, pp. 351-2
'Regarding the Truth' / 'Über Wahrheit' (1934), GBA, xxii, pp. 96-7
'Regarding Unrhymed Poetry with Irregular Rhythms' / 'Über reimlose Lyrik mit unregelmässigen Rhythmen' (1939), GBA, xxii, pp. 357-64
'Regarding the Work of the Dramatists, Directors, Assistants and Students of the Berliner Ensemble' / 'Über die Arbeit der Dramaturgen, Regisseure, Assistenten und Schüler des Berliner Ensemble' (1952), GBA, xxiii, pp. 221-2
'The Relationship of the Augsburger to Piscator' / 'Verhältnis des Augsburgers zum Piscator' (1939), GBA, xxii, p. 763

'Remarks Regarding Arturo Ui' / 'Bemerkungen zu Der aufhaltsame Aufstiegdes Arturo Ui' (1953), GBA, xxiv, pp. 315-19

'Reply to the Open Letter by the Personnel of the Stadttheater' / 'Erwiderung auf den offenen Brief des Personals des Stadttheaters' (1920), GBA, xxi, pp. 85-8

'The Return' / 'Die Rückkehr' (1943), GBA, xii, p. 125

The Rise and Fall of the City of Mahagonny/Aufstieg und Fall der Stadt Mahagonny (1929), GBA, ii, pp. 333-92

The Round Heads and the Pointed Heads/Die Rundköpfe und die Spitzköpfe (1933), GBA, iv, pp. 147-263

'Rowing, Conversations' / 'Rudern, Gespräche' (1953), GBA, xii, p. 307

'Sacrifice!' / 'Opfere!' (1913), GBA, xiii, pp. 16-17

'Schiller's "Robbers" at the Stadttheater' / 'Schillers "Räuber" im Stadttheater' (1920), GBA, xxi, pp. 78-9

Senora Carrar's Rifles/Die Gewehre der Frau Carrar (1937), GBA, iv, pp. 305-37

'700 Intellectuals Pray to an Oil Tank' / '700 Intellektuelle beten einenÖltank an' (1927), GBA, xi, pp. 174-6

'Short Report About 400 (Four Hundred) Young Poets' / 'Kurzer Berichtüber 400 (Vierhundert) junge Lyriker' (1927), GBA, xxi, pp. 191-3

'Sociological Perspective' / 'Soziologische Betrachtungsweise' (1928), GBA, xxi, pp. 233-4

'The Solution' / 'Die Lösung' (1953), GBA, xii, p. 310

'Song for the Gentlemen of Station D' / 'Lied an die Kavaliere der StationD' (1918/19), GBA, xi, p. 11

'The Song of the Class Enemy' / 'Das Lied vom Klassenfeind' (1933), GBA, xi, pp. 210-14

'The Song of the House Painter Hitler' / 'Das Lied vom Anstreicher Hitler' (1933), GBA, xi, p. 215

'The Song of the Railway Workers of Fort Donald' / 'Das Lied von der Eisenbahntruppe von Fort Donald' (1916), GBA, xi, pp. 82-

3

'Song of the Red Army Soldier' / 'Gesang des Soldaten der Roten Armee' (1919), GBA, xi, pp. 48-9

'The Song of the sa Man' / 'Das Lied vom sa-Mann' (1931), GBA, xi, pp. 209-10

Songs, Poems, Choirs/Lieder, Gedichte, Chöre (1934) GBA, xi, pp. 197-254

'Sound Film Kuhle Wampe or Who Does the World Belong To?' / 'TonfilmKuhle Wampe oder Wem gehört die Welt?' (1932), GBA, xxi, pp. 544-7

'Sport's Deadly Enemies' / 'Die Todfeine des Sportes' (1928), GBA, xxi, pp. 224-5

'Spring' / 'Frühling' (1915), GBA, xiii, p. 82

'Squibs about Crime Novels' / 'Glossen über Kriminalromane' (1926), GBA, xxi, pp. 130-32

Svendborg Poems/Svendborger Gedichte (1939), GBA, xii, pp. 7-92

'Tendency of the Volksbühne: Pure Art' / 'Tendenz der Volksbühne: ReineKunst' (1927), GBA, xxi, pp. 195-6

'There Is No Big City Theater' / 'Es gibt kein Grossstadttheater' (1926), GBA, xxi, pp. 134-5

'This Was the Citizen Galgei' / 'Das war der Bürger Galgei' (1920), GBA, xiii, p. 157

The Three Soldiers: A Children's Book/Die drei Soldaten: Ein Kinderbuch (1930), GBA, xiv, pp. 68-90

Threepenny Novel/Dreigroschenroman (1934), GBA, xvi, pp. 8-391Threepenny Opera/Dreigroschenoper (1928), GBA, ii, pp. 229-323

'The Threepenny Process: A Sociological Experiment' / 'DerDreigroschenprozeß: Ein soziologisches Experiment' (1931), GBA, xxi, pp. 448-514

The Trial of Lukullus/Das Verhör des Lukullus (1940), GBA, vi, pp. 87-113

'The Tsar Spoke to Them' / 'Der Zar hat mit ihnen gesprochen'

(1956), GBA, xv, pp. 300 – 1

The Tui-Novel/Der Tuiroman (1931 – 54), GBA, xvii, pp. 9 – 161

The Tui-Novel/Der Tuiroman (notes, 1935 – 7), GBA, xvii, p. 153

Turandot or The Congress of the Whitewashers/Turandot oder Der Kongressder Weisswäscher (1954), GBA, ix, pp. 127 – 98

The Tutor/Der Hofmeister (1949), GBA, viii, pp. 319 – 71

'Two Cities' / 'Zwei Städte' (1948), GBA, xviii, p. 451

'Upon the Nobel Prize Winner Thomas Mann's Authorizing the Americans and the English to Punish the German People Ten Years for the Crimes of the Hitler Regime' / 'Als der Nobelpreisträger Thomas Mann den Amerikanern und Engländern das Recht zusprach, das deutsche Volk für die Verbrechen des Hitlerregimes zehn Jahre lang zu züchtigen' (1943), GBA, xv, pp. 90 – 91

'The Uppercut' / 'Der Kinnhaken' (1925), GBA, xix, pp. 205 – 9

'Urgency for a Great Dialogue' / 'Dringlichkeit einer grossen Aussprache' (1953), GBA, xxiii, p. 250

The Vita of the Boxer Samson-Körner/Der Lebenslauf des Boxers Samson-Körners (1926/7), GBA, xix, pp. 216 – 35

'Vulture Tree' / 'Geierbaum' (1917), GBA, xiii, pp. 95 – 6

War Primer/Kriegsfibel (1940 – 55), GBA, xii, pp. 127 – 283

'The Weights on the Scale' / 'Die Gewichte auf der Waage' (1956), GBA, xv, pp. 301 – 2

What Does the Iron Cost/Was kostet das Eisen (1939), GBA, v, pp. 309 – 27

'When It Was Time' / 'Als es soweit war' (1941), GBA, xv, p. 41

'When the Father with the Son with the Owl ...' / 'Wenn der Vater mit dem Sohne mit dem Uhu ...' (1926), GBA, xxi, pp. 158 – 60

'Why the Threat of Petty Bourgeois and Even Proletarian Strata Changing Over to Fascism?' / 'Warum droht die Abwanderung kleinbügerlicher und sogar proletarischer Schichten zum Faschismus?' (1939), GBA, xxii, pp. 587 – 8

'Word to Old Age' / 'Worte an das Alter' (1926), GBA, xxi, pp. 167-8

'Workers' / 'Arbeiter' (1913), GBA, xxvi, pp. 15-17

'Young Stage-Social Revolutionaries' / 'Junge Bühne-Sozialrevolutionäre' (1929), GBA, xxi, pp. 286-7

贝托尔特·布莱希特的部分英文作品

Willett, John, trans. and ed., Brecht on Theatre (New York, 1964)

—, and Ralph Manheim with Erich Fried, eds and trans., Bertolt Brecht: Poems, 1913-1956 (New York, 1976)

部分关于布莱希特的论著

Arendt, Hannah, Men in Dark Times (New York, 1955)

Arnold, Heinz Ludwig, ed., Bertolt Brecht-Text und Kritik, vols i and ii (Munich, 1972 and 1973)

Barthes, Roland, 'Brecht and Discourse: A Contribution to the Study ofDiscursivity' (1975), reprinted in The Rustle of Language (New York, 1986), pp. 212-22

—, 'The Task of Brechtian Criticism', in Critical Essays, ed. Roland Barthes (Evanston, il, 1972), pp. 71-6

Bathrick, David, 'Brecht's Marxism and America', in Essays on Brecht: Theater and Politics, ed. Siegfried Mews and Herbert Knust (ChapelHill, nc, 1974), pp. 209-25

Baxandall, Lee, 'Brecht in America, 1935', The Drama Review (Autumn1967), pp. 69-87

Benjamin, Walter, Versuche über Brecht (Frankfurt, 1971) Die Bibliothek Bertolt Brechts, published by the Bertolt-Brecht-Archiv (Frankfurt, 2007)

Dyck, J., et al., eds, Brechtdiskussion (Kronberg/Taunus, 1974)

Esslin, Martin, Brecht: The Man and His Work (Garden City, ny, 1971)

Frisch, Werner, and K. W. Obermeyer, eds, Brecht in Augsburg

(Frankfurt, 1976)

Gersch, Wolfgang, Film bei Brecht (Berlin, 1975)

Gorelik, Mordecai, 'Epic Realism: Brecht's Notes on The Threepenny Opera', Theatre Workshop (April-July 1937), pp. 29 - 40

Grimm, Reinhold, Brecht und Nietzsche, oder Geständnisse eines Dichters (Frankfurt, 1979)

Harvey, Sylvia, 'Whose Brecht? Memories for the Eighties: A CriticalRecovery', Screen, 23 (1982), pp. 45 - 59

Hecht, Werner, Brecht Chronik: 1898 - 1956 (Frankfurt, 1997)

—, 'Der Augsburger Theaterkritiker', in Werner Hecht, Sieben Studien überBrecht (Frankfurt, 1972), pp. 7 - 24

Hecht, Werner, et al., eds, Bertolt Brecht. Sein Leben und Werk (Berlin, 1969)

Jameson, Fredric, Brecht and Method (London and New York, 1998)

Klement, Andreas, Brechts neues Leben in der ddr: Die späte Lyrik (Marburg, 2012)

Knopf, Jan, ed., Brecht Handbuch in fünf Bänden (Stuttgart, 2001)

Kracauer, Siegfried, 'Ein soziologisches Experiment? Zu Bert BrechtsVersuch: "Der Dreigroschenprozeß"' (1932), reprinted in 100 Texte zuBrecht, ed. Manfred Voigts (Munich, 1980), pp. 138 - 45

Lennox, Sara, 'Women in Brecht's Works', New German Critique, 14 (Spring1978), pp. 83 - 96

Long, J. J., 'Paratextual Profusion: Photography and Text in Bertolt Brecht'sWar Primer', Poetics Today, xxix/1 (Spring 2008), pp. 197 - 224

Lunn, Eugene, Marxism and Modernism: A Historical Study of Lukács, Brecht, Benjamin, and Adorno (Berkeley and Los Angeles, ca, 1984)

Lyon, James K., Bertolt Brecht in America (Princeton, nj, 1980)

Mayer, Hans, Brecht in der Geschichte (Frankfurt, 1976)

Parmalee, Lee, Brecht's America (Miami, fl, and Columbus, oh,

1981)

Steinweg, Reiner, ed., Brechts Modell der Lehrstücke: Zeugnisse, Diskussion, Erfahrungen (Frankfurt, 1976)

Sternberg, Fritz, Der Dichter und die Ratio: Erinnerungen an Bertolt Brecht (Göttingen, 1963)

Tucholsky, Kurt, 'Bert Brechts Hauspostille', Weltbühne (28 February 1928), reprinted in Gesamtausgabe, vol. x: Texte und Briefe (Reinbek, 1999), pp. 84–8

Unseld, Siegfried, ed., Bertolt Brechts Dreigroschenbuch (Frankfurt, 1960)

Voigts, Manfred, Brechts Theaterkonzeptionen: Entstehung und Entfaltungbis 1931 (Munich, 1977)

Wyss, Monika, ed., Brecht in der Kritik (Munich, 1977)

致谢

如果没有布莱希特的研究者们打下的坚实基础——作品集、评论,以及对具体作品的历史及其创作语境的深入研究,任何关于布莱希特的严谨研究都是不可能的。本书很大程度上要归功于柏林的布莱希特档案馆、布莱希特的《柏林与法兰克福版评论全集》和雅恩·克诺普夫编辑的五卷本《布莱希特手册》,以及对布莱希特的生平、方法和持续的相关性的细致研究,包括克劳斯·沃克的《贝托尔特·布莱希特》(1976)、詹姆斯·里昂的《布莱希特在美国》(1980)和弗里德里克·詹姆逊的《布莱希特与方法》(1998)。

在此,我要向所有慷慨、耐心地支持和鼓励我对布莱希特作品及其影响之兴趣的人表示最深切的感谢:亚历山大·阿尔贝罗、诺拉·阿尔特、杰弗里·巴岑、本杰明·布赫洛、罗恩·克拉克、维维安·康斯坦丁诺普洛斯、法比安·达内西、克里斯塔、迈克尔·格拉恩、艾里斯·格拉恩、罗米·戈兰、玛莎·杰伊、布兰登·约瑟夫、乔丹·坎托尔、卡里·莱文、斯图尔特·利伯曼、内尔·麦克莱斯特、马蒂亚斯·奥梅、格里施卡·彼得里和多丽丝·莱曼、西尔卡·金特罗、朱迪斯·罗登贝克、诺姆·罗斯勒、卡迪亚·施耐勒、阿尼特·舒伯兹、格雷戈里·肖莱特、卡蒂·齐格尔、罗伯特·斯托、海伦·特斯佩赫、卡伦·范·梅宁、格雷戈·威廉姆斯、理查德·沃林、丽莎·杨,以及我在费城天普大学泰勒艺术学院的同事和学生,特别是理查德·赫里科、玛格·玛格丽丝、马克·谢塔比和罗伯特·斯托克。这个项目获得了泰勒学院和天普大学院长研究基金、暑期研究基金和休假奖的支持。

图片致谢

作者与出版社向以下图片材料来源方和使用版权的允可致以感谢：

Photo courtesy Bertolt Brecht Archiv, Akademie der Künste, Berlin: pp. 11 (Photo: Roger Pic/Sign. fa 09/184 üg), 23 (Sign. fa 06/033), 101 (Sign. Fa 06/099), 175 (Sign. fa 02/104), 191 (Sign. fa 09/061); © Eulenspiegel Verlag: pp. 159, 161; The Granger Collection, New York: pp. 6 (Zander and Labisch/ullstein bild), 41, 76 (Alice Domker/ullstein bild), 78, 81 (ullstein bild), 89 (ullstein bild), 115 (Kluger & Szogethy/ullstein bild), 117 (Otto Storch/ ullstein bild), 119 (ullstein bild), 124, 127 (ullstein bild), 145, 149, 199 (Heinrich von der Becke/ullstein bild); photo courtesy Kunstsammlung, Akademie der Künste, Berlin: p. 194 (© 2013 Artists Rights Society (ars), New York/vg Bild-Kunst, Bonn).

---

* 以上图片页码均为原版书页码

著译者

作者 | 菲利普·格兰 PHILIP GLAHN

费城天普大学批判研究与美学副教授,《Afterimage》《艺术杂志》《布鲁克林铁路与公共》撰稿人。

译者 | 华天韵

毕业于北京大学中文系,加州大学戴维斯分校比较文学博士在读。

图书在版编目（CIP）数据

贝托尔特·布莱希特/(美) 菲利普·格兰著；华天韵译.
-- 上海：上海文艺出版社，2023
（知人系列）
ISBN 978-7-5321-8478-1
Ⅰ.①贝… Ⅱ.①菲… ②华… Ⅲ.①贝托尔特·布莱希特—传记 Ⅳ.①K835.165.6
中国版本图书馆CIP数据核字(2022)第194869号

Bertolt Brecht by Philip Glahn was first published by Reaktion Books,
London, UK, 2014, in the Critical Lives Series.
Copyright © Philip Glahn, 2014
著作权合同登记图字：09-2020-067号

发 行 人：	毕　胜
责任编辑：	崔　莉
封面设计：	朱云雁
书　　名：	贝托尔特·布莱希特
作　　者：	[美]菲利普·格兰
译　　者：	华天韵
出　　版：	上海世纪出版集团　上海文艺出版社
地　　址：	上海市闵行区号景路159弄A座2楼　201101
发　　行：	上海文艺出版社发行中心
	上海市闵行区号景路159弄A座2楼206室　201101　www.ewen.co
印　　刷：	浙江中恒世纪印务有限公司
开　　本：	787×1092　1/32
印　　张：	9.125
插　　页：	3
字　　数：	170,000
印　　次：	2023年3月第1版　2023年3月第1次印刷
I S B N：	978-7-5321-8478-1/K.462
定　　价：	59.00元
告 读 者：	如发现本书有质量问题请与印刷厂质量科联系　T：0571-88855633

I 知人
cons

知人系列

爱伦·坡：有一种发烧叫活着
塞林格：艺术家逃跑了
梵高：一种力量在沸腾
卢西安·弗洛伊德：眼睛张大点
阿尔弗雷德·希区柯克：他知道得太多了
大卫·林奇：他来自异世界
汉娜·阿伦特：活在黑暗时代

弗吉尼亚·伍尔夫
伊夫·克莱因
伦纳德·伯恩斯坦
兰波
塞缪尔·贝克特
约瑟夫·博伊斯
贝托尔特·布莱希特
德里克·贾曼
康斯坦丁·布朗库西

（即将推出）

可可·香奈儿

谢尔盖·爱森斯坦

三岛由纪夫

乔治亚·欧姬芙

马拉美

索伦·克尔凯郭尔

巴勃罗·聂鲁达

赫尔曼·麦尔维尔

伊戈尔·斯特拉文斯基

托马斯·曼

维克多·雨果